きみはぱぱがすき？

つむぱぱ

つむぱん

12:08
まもなく
電車が参ります
白線の内側に
下がって…
ガタン
ゴトン
ガタン
プシュー…
ガチャ…

そー‥
……
じゃあ 行ってきます
行って らっしゃーい

朝起きて、働いて、寝て、朝起きて。
平日は、ほとんどつむぎ（娘）と
触れあうことがない。

休日になる毎週末、
つむぎが新しく覚えた言葉や
今まで見たことなかった仕草に気付く。
そのことに喜びを感じる時、
ほんとうは少し切なくもある。
何か大切な瞬間を見過ごしているような
気がしてしまうから。

つむぎの成長が教えてくれた
「今日」という日の大切さ。
一日一日の尊さ。かけがえのなさ。

明日には忘れてしまうくらい本当に
些細な「今日」だけれど、それはきっと、
何年後、何十年後に、「あの頃」という
宝ものになっているはずだから。

ガタン…
ゴトン…
すぐに大きくなって一緒に遊んでくれなくなっちゃうのかな…
大体、あと何日くらい、パパと遊ぶんだろう…？
一年って、52週でしょ…土日が大体100日あるとして…友達と遊び始めるのが7歳くらいからだとしたら一緒に遊べる時間って…
そっか…
残り500日…

今度の土曜
ちょっと
DIYして
いい？
いいけど
何つくるん？
ナイショ
何か
わかる？
ホームセンター
危ないから
離れててね
ブリリリ！

つむぎは？
寝たでー
…できた
つむぎ起きてきた
ままァ…

…パパつくったよ
……

つむぱん
COFFEE & BAKERY

つむぱん
COFFEE & BAKERY

いつの日か、自分で好きなことや夢中になれるものを見つけるその日まで。
パンください
つむぱん
きみが大好きなパン屋を、パパとしませんか？
毎朝、きみのパンを買いにくるから。
どんなに忙しい朝でも、どんなに眠くても、
ぱく
ぱく…
ずっと、買いにくるから。

ぱぱは、きみが、好きだから。

つむぱぱ家 人物紹介

パパ

毎日仕事が忙しく
平日は帰りが遅い。
DIYや、手づくり絵本など、
ものをつくるのが好き。
つむぎが1歳半の時、日々の出来事を
マンガに書き留めようと思い、
インスタグラムをはじめる。
当面の目標は
娘に頼られる父になること。

つむぎ

2歳の娘。
好きなものは、
ママ、パン、アンパンマン。
お歌やお絵描きも
大好き。

ママ

大阪出身。
いつも明るく、
まわりを元気にしてくれる
ムードメーカー。

もくじ

ブックデザイン　松田 剛（東京100ミリバールスタジオ）
DTP　小川卓也（木蔭屋）
校正　川平いつ子
編集長　松田紀子
編集担当　山﨑 旬

本書は、作者のインスタグラム（https://www.instagram.com/tsumugitopan/）に投稿された作品を修正し、描き下ろしを加えたものです。

オープン初日

2017.8.23

7 5
8 6
ほわ——…
快感…
気前良すぎな店長です。

営業停止

2017.9.4

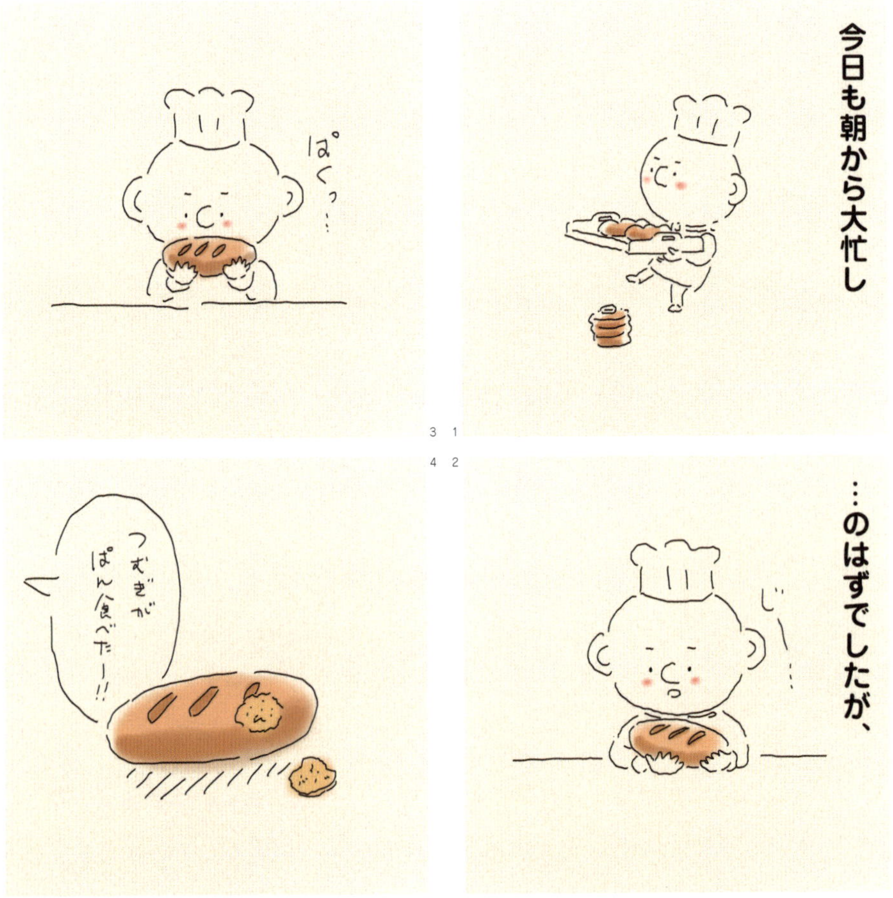
今日も朝から大忙し
…のはずでしたが、
じー…
ぱくっ…
つむぎがぱん食べたー!!

Q.

どうしてパン屋さんにしようと思ったのですか?

A.

つむぎが、パンが大好きだったからです。

この頃から(今でもそうですが)パン以外のものは食べてくれない日があります。ある時ふと思ったのです。パンとポテトが異常に好きなため、「もしかしたら前世は、アメリカ人だったんじゃないか」と、妻に相談したところ、「大体子どもは好きやろ!」と、アメリカ人説は、一蹴されました。

営業停止になりました。
ぱん!

5

6

しばらくは野菜だけの販売です。

ぼったくり

2017.8.24

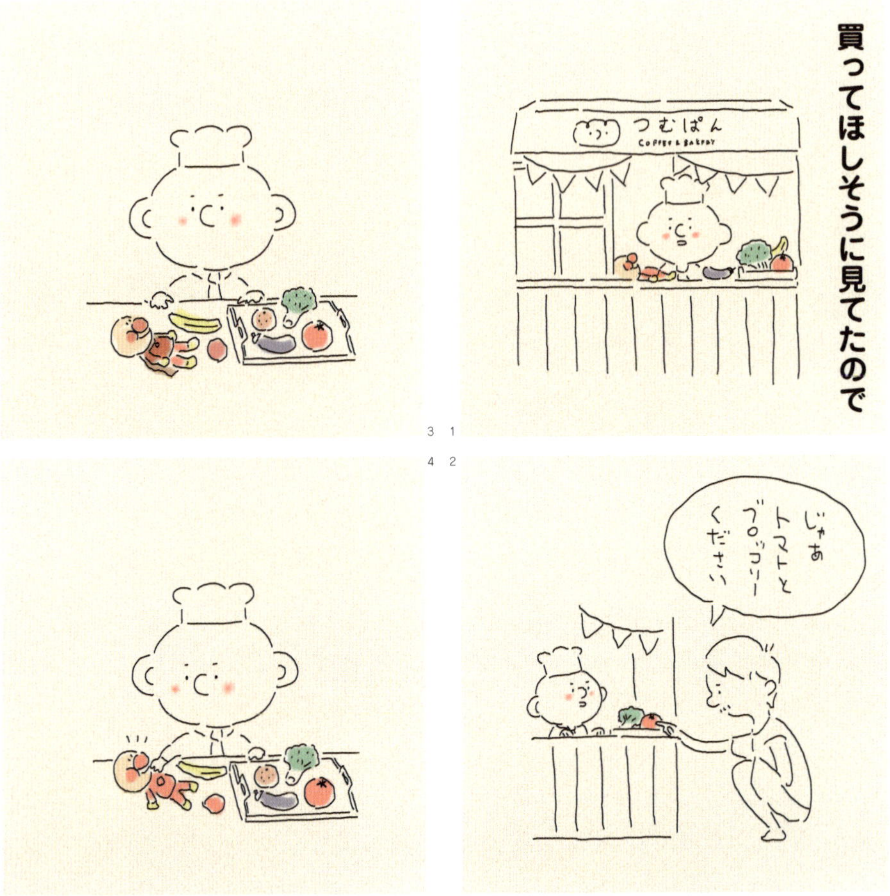
3 1
4 2
買ってほしそうに見てたので
つむぱん
COFFEE & BAKERY
じゃあトマトとブロッコリーください

……
…どうも
…おいくらですか？
タン
タン
タン
タン
タン
タン
タン
タン
返品しました。
…高くない？

かっこいいまなざし

2017.8.28

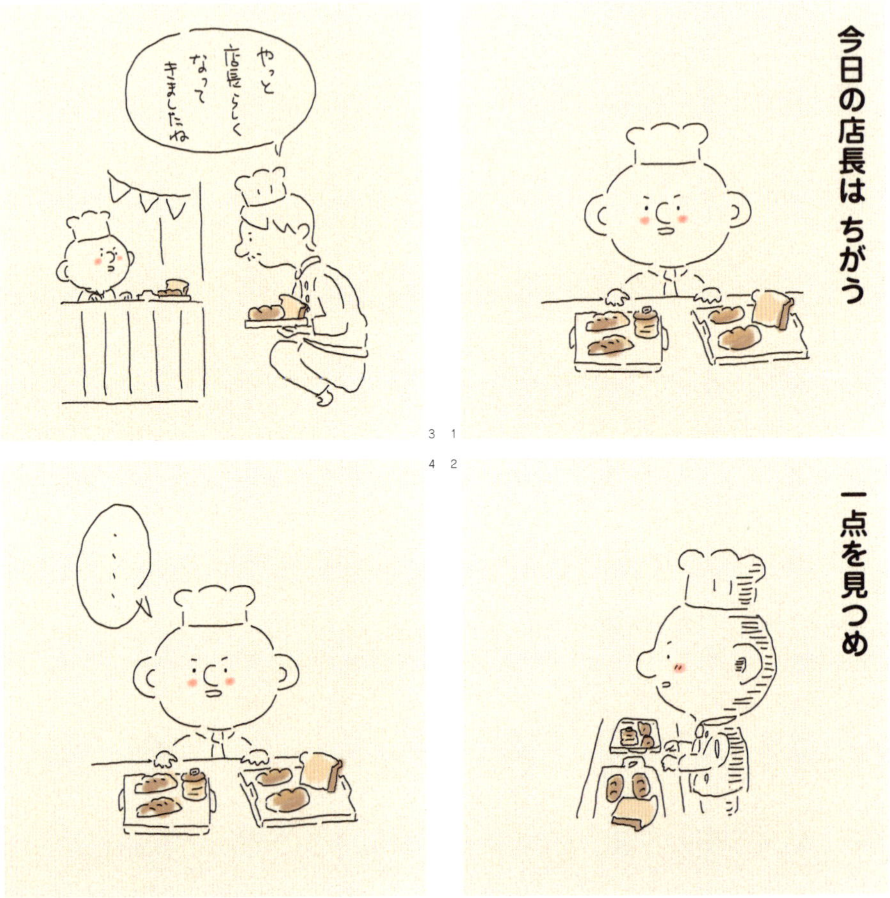

今日の店長は ちがう
一点を見つめ
やっと店長らしくなってきましたね
……

5

……店長っ…

6

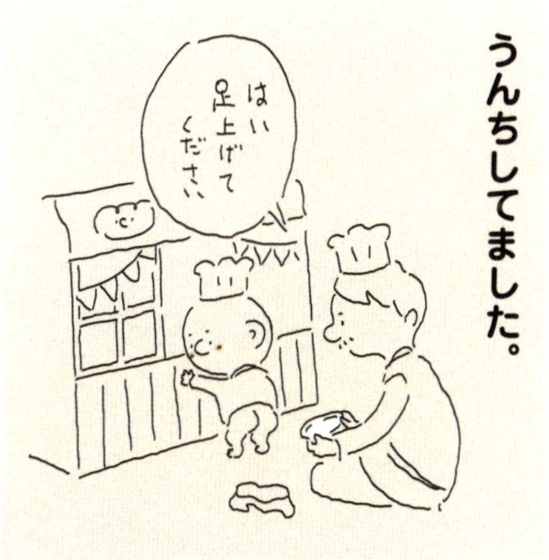
はい 足上げてください
うんちしてました。

Q.

つむぎちゃんの
お気に入りのパンは何ですか?

A.

パンは全般好きですが、特に、食パンとあんぱんが好きです。ただ、一つだけ強いこだわりがあり、「しっとり」ではなく、「モサモサ」しているパンが好きです。モサモサしていればしているほど、評価が高いです。かにぱん的なのが、つむぎの中のパン・オブ・パンです。

読み聞かせ

2017.8.28

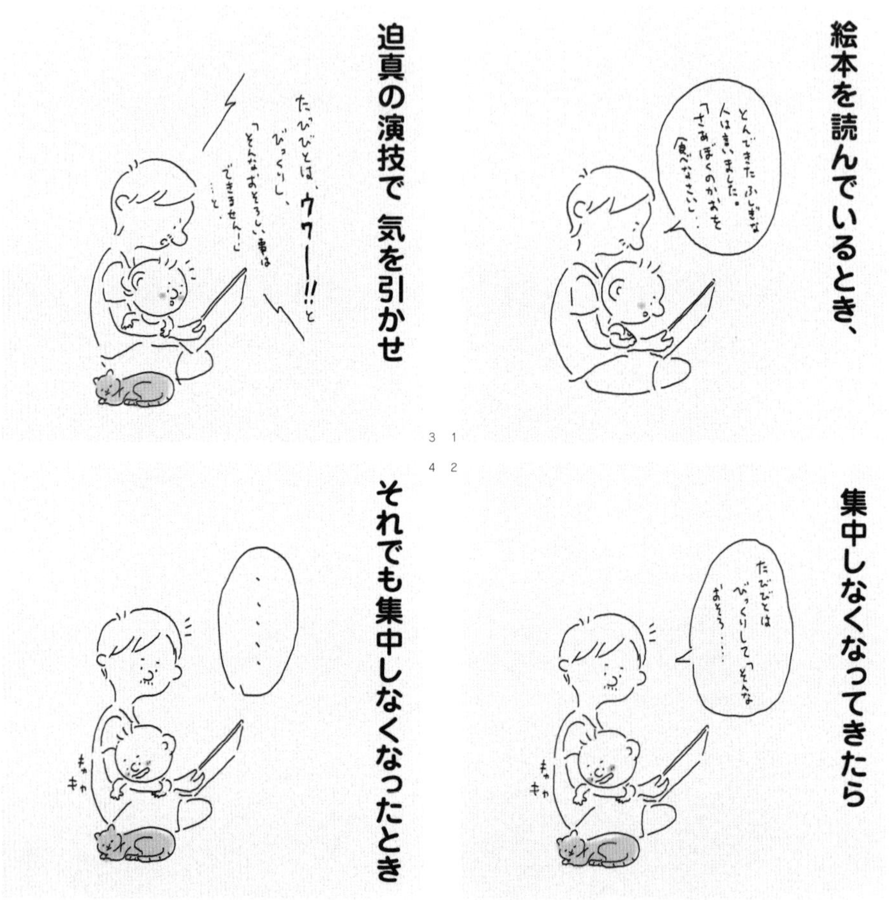
絵本を読んでいるとき、
とんできたふしぎな人はいいました。「さあぼくのかおを食べなさい」…
集中しなくなってきたら
たびびとはびっくりして「そんなおそろ…
キャキャ
迫真の演技で 気を引かせ
たびびとは、ウワー!!とびっくりし、「そんなおそろしい事はできません!」…と
それでも集中しなくなったとき
・・・・・・
キャキャ

最終手段のトーン変更の末、
…おそる…おそる
アンパンマンの顔に
ガブッ…
うっ…

5

6

号泣。
まま－!!
ごめん
ごめん…

Q.

父親目線で、おすすめの絵本を教えてください。

A.

つむぎは絵本が大好きで毎日大量の絵本を抱えて、ねだってくるのですが、家にある本の中でもいちばん僕が好きなのは、「きつねのおきゃくさま」という本です。ストーリーがしっかりしていて、とても好き。でも、つむぎランキング的には12位くらいです。

工作

2017.8.30

大きなものを買ったときの
空のダンボール箱を見ると
ウズウズ
……
貧乏性の血が騒ぎ必ず工作
ちょっとまっててね
おー
チョキ
チョキ
おー

MAISON HAJIME

下準備

2017.9.2

今日ももくもくと下準備
カシャ カシャ
サッ サッ
今日は何をつくってるんですか？
ぱん！
だそうです。

お気に入りのお仕事

2017.9.7

前フリ

2017.9.1

5

6

7

親切なワニおじさん

2017.9.5

先日、大阪へ帰省する
新幹線で

つむぎが何度も通路に
行きたがるので

今日、人も少ないし…
アレを使うしかないな…

最近いちばん怖がっている
サメくんを置くことに

5
わー・サメに ねらわれてる・・
うう・・
6
つむぎ脳内イメージ
ここだと 大丈夫だから すわってようね・・
7
んっ？
8
これ 嬢ちゃんのかい？
おちてたよー！
いやー!!!

デイベッド

2017.9.13

まだつむぎがお腹の中にいた頃
うちの夢はな、この子と、デイベッドでひなたぼっことかすることやねん
ほう、デイベットとな?
1
2
ということで、
デイベッドかぁ…
ベッドみたいな、やわらかい素材じゃないとなぁ…
でも、雨ふったらどーする?…
あと、デカいからジャマだよなー…
いっそ、2つに分かれたら、ソファになるとか、できるといいな…
図面
あーだこーだ考え
3
4
木材を買い、
ふむふむ
×ソフトウッド
劣化が早い
○ハードウッド
丈夫。けど加工むずい
ガス管を発注し、
デイベッドをつくりたくて…いやデ・イ・ベッ・ド
デイ?ベ…?
裁縫をして、
カタカタ
カタカタ
できた。

こちらが、完成した初日のみデイベッドとして使用された、ほぼ、ソファとなります。

使うときだけ、中から取り出せるようにしました。雨水にも強い作りになるように勉強して、
加工しているので、濡れません。素人にしてはよくできた気がしています。

デイベッドを2つに分けると、チェアソファになります。
デニム生地のクッションは、シングルベッド用の普通のクッションを裁断して、カバーを手づくり。

エレベーター

2017.9.6

早朝営業

2017.9.22

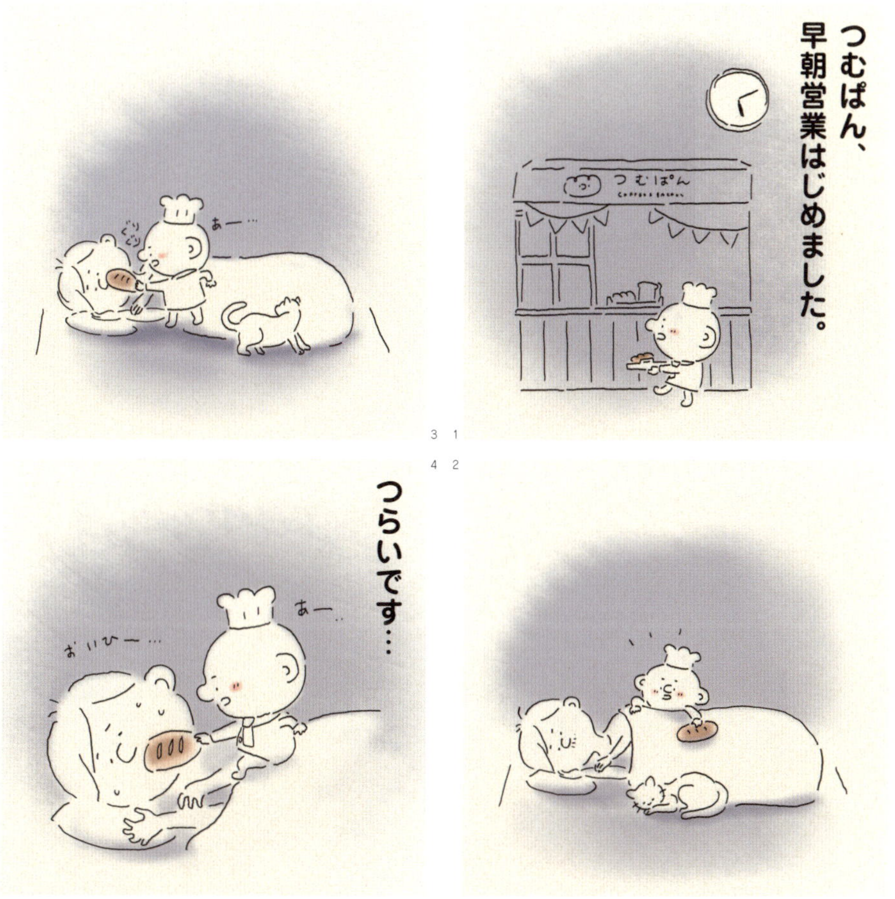
つむぱん、早朝営業はじめました。
つむぱん
ぐりぐり
あー…
おいひー…
あー..
つらいです…

テレビでんわ

2017.9.11

妻とつむぎが大阪にいるので毎日テレビでんわ。

3 1

4 2

5

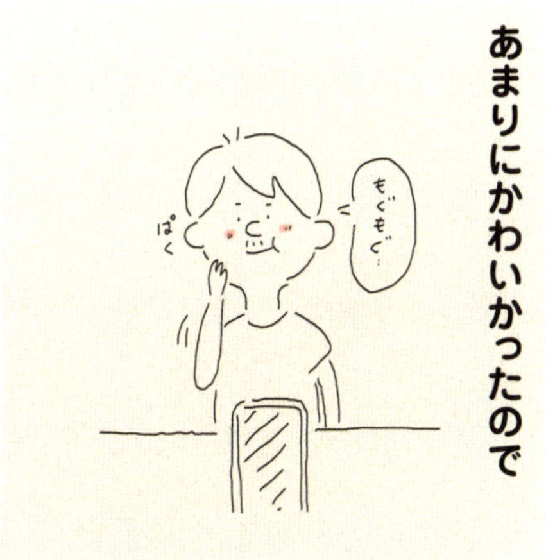
あまりにかわいかったので
もぐもぐ…
ぱく

6

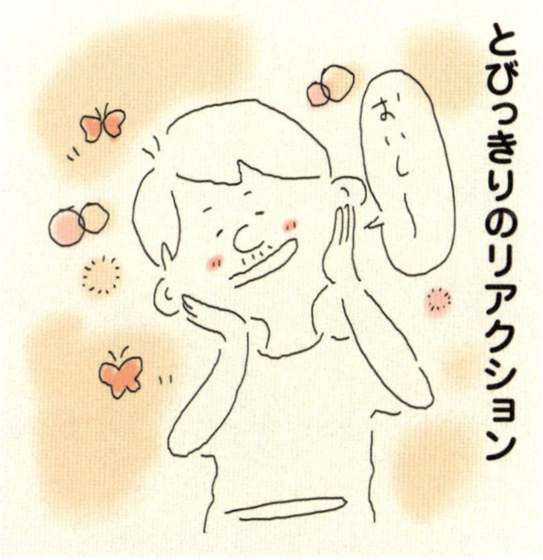
とびっきりのリアクション
おいし

7

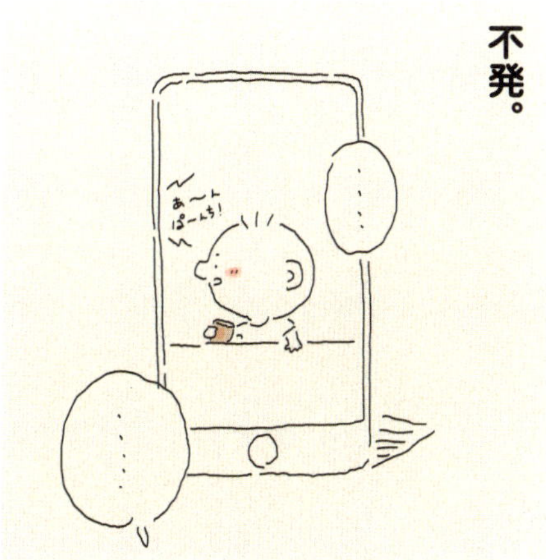
不発。
あ〜ん ぱーんち!
……
……

加害者と被害者

2017.9.12

3 1
4 2
元気に走りまわっていると
キャ
キャ
キ
キ
寝てたねこを踏んでしまい
あー…
にゃー!!
ぐにゃ
おねんねしてたのに
かわいそうでしょ
ごめんなさい
しておいで

Q.

**つむぎちゃんの性格を
一言で表すなら何ですか?**

A.

13分くらい考えてみましたが、最初に思いついた平易な言葉しかやっぱり思いつかないので、もうそれにします。「天真爛漫」以外、ないでしょう。自由に、すくすく育っています。つくしみたいに。あー「つくし」でもいいですね。でも、つくしだと、意味が分からないので、最初のにします。

・・・・

5

6

被害者アピール。
あー…
いや、ナイナイ…
しかも踏んだの逆やし…
スリスリ

トイレ

2017.9.17

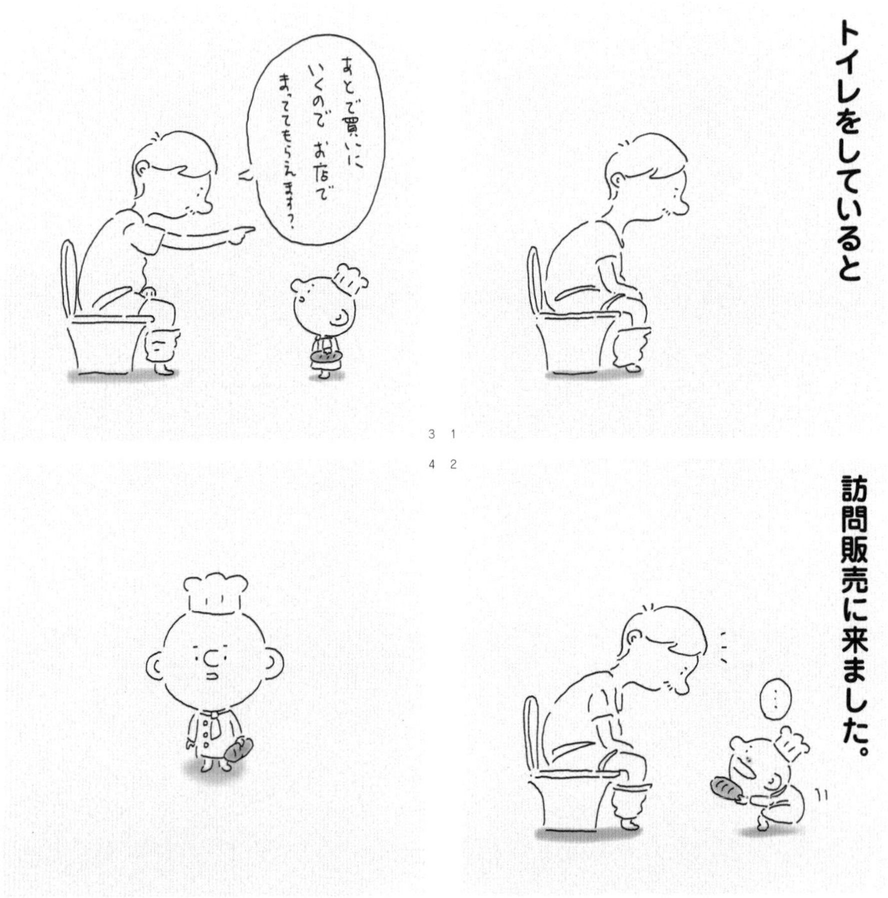
トイレをしていると
訪問販売に来ました。
あとで買いにいくのでお店でまっててもらえます？
3　1
4　2

5

6

ねこ集合させ 再トライ。
いやいやいや…
それより、トイレに集合しないでくれない？

Q.

ねことつむぎちゃんは
どんな関係性ですか？

A.

つむぎは、ねこのことを友達だと思っているみたいです。ねこはつむぎのことを、ちょっと厄介なやつ、くらいにしか考えてなさそうです。つむぎが近寄ってくると、迷惑そうにチラッと見て、ささっと移動します。つむぎは遊んでいると思って、さらに追いかけまわします。

なでなで

2017.9.19

店長、お勉強始めました。
トマトはどれですかっ、
おっ、正解。
店長、すごいですね〜
なでなで
あー…
なでなで

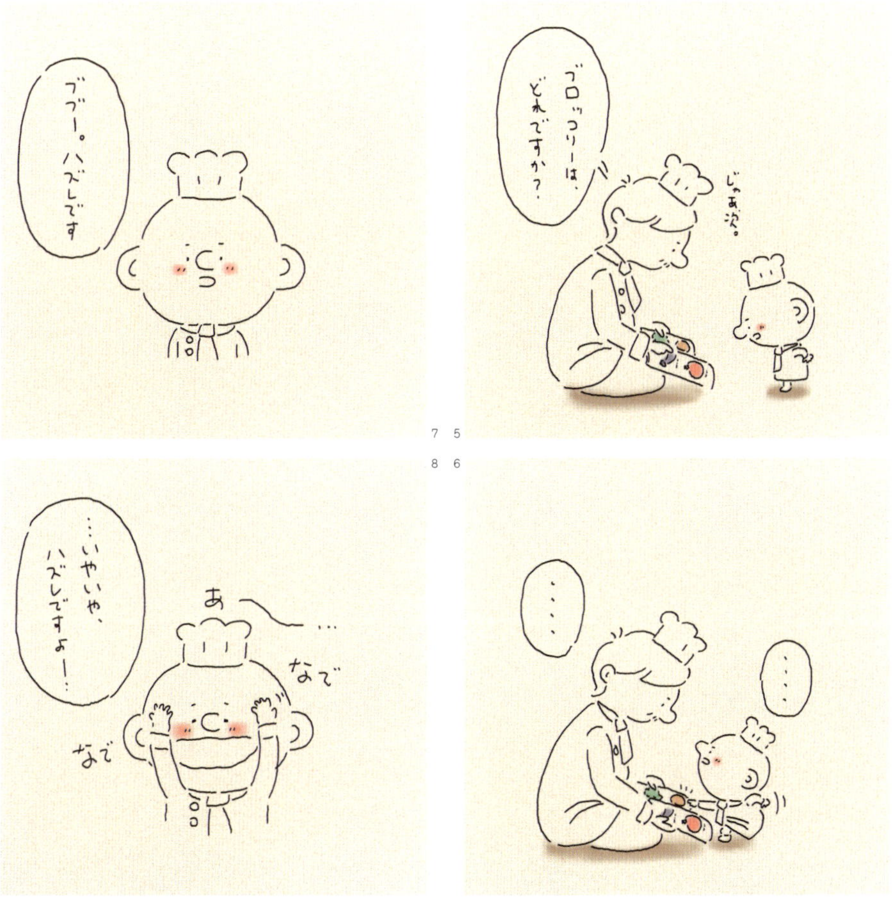
5
じゃあ次。
ブロッコリーは、どれですか？
6
・・・・
・・・
7
ブブー。ハズレです
8
あ～…
なで
なで
…いやいや、ハズレですよー…

IT化

2017.9.25

注文を まちがえないように
つむぱん
つむぱん、IT化しました。
いらっしゃいませ！
MENU
さっそく
お昼寝中のママのとこで
いらっしゃいませ ご注文を おうかがい します
ピッ

5

ドリンクバーを5つ注文し
ドリンクバー
ドリンクバー
ドリンクバー
ドリンクバー
ドリンクバー
すー…
ピッ
ピッ
ピッ

6

ご注文をくりかえします。
すー…
ピッ

7

繰り返していませんでした。
オムライス
…
すー…
ピッ

乗馬

2017.9.26

おいしかったひとー？
はあぁ～い
…おしまい。
おもしろかったひとー？
はあぁ～い
きもちよかったひとー？
はあぁ～い
と、いつもやっているのですが
このまえ初めてお馬さんに乗ったとき
うぅ…

5

案の定 つむぎ号泣。
うわあ〜ん!

6

うわあ あ〜ん
こわかったね…

7

あらがえない いつもの習慣。
たのしかったひと?
はあああ〜い!!

夫婦の話

パパとママが結婚するまでの話。
4年くらい前
とりひき先
近藤さんと打ち合わせで参りました
こちら入館証です
…
…お客様?
……
…何か?
出会いは、パパの一目惚れでした。

進展もなく数ヶ月。ただ遠くから眺めているだけの日々。
RECEPTION
ありがとうございます！
そこに、
あの子のこと好きなんすか？
営業
いや…別に
…てか指とか差すなって
そーすか
オレ…友達ですけど…
突然舞い降りる天使。
さっそく、合コンを開いてもらい、
はじめまして…
私、知ってますよ！いつも見てきている方ですよね？
…気付いてました？
ヤバい人だと思われていたことを教えてもらう。

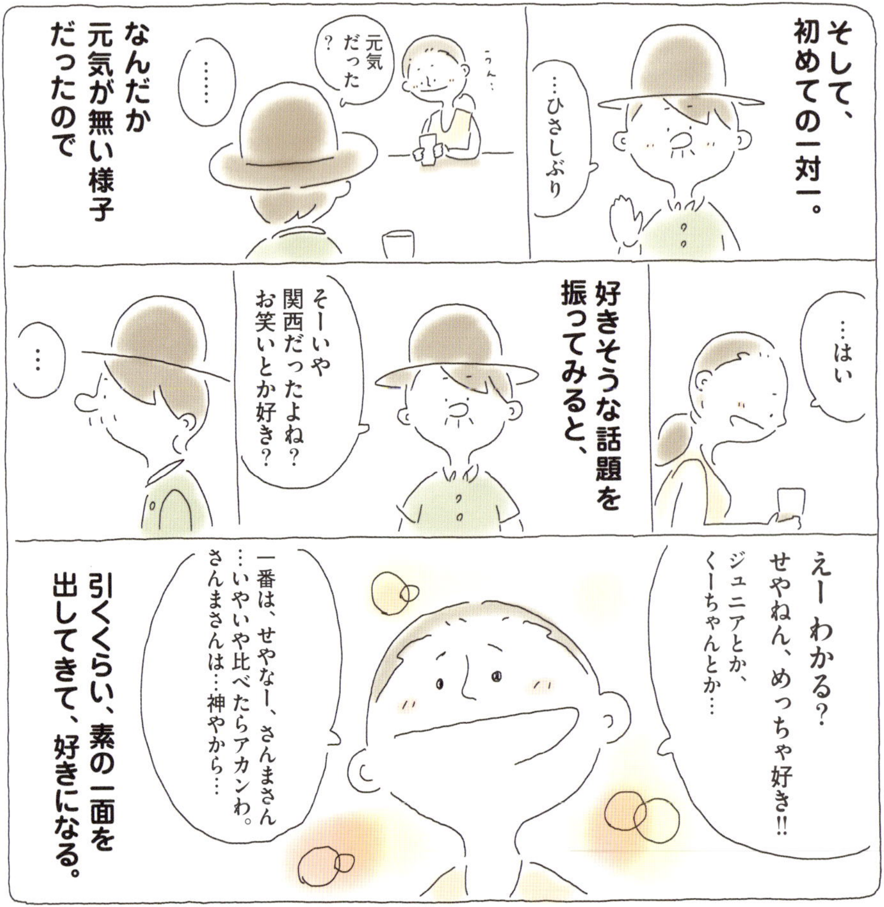

そして、初めての一対一。
…ひさしぶり
うん…
元気だった？
……
なんだか元気が無い様子だったので
…はい
好きそうな話題を振ってみると、
そーいや関西だったよね？お笑いとか好き？
…
えー わかる？せやねん、めっちゃ好き!!
ジュニアとか、くーちゃんとか…
一番は、せやなー、さんまさん…いやいや比べたらアカンわ。さんまさんは…神やから…
引くくらい、素の一面を出してきて、好きになる。

何度かデートをしたあとに、江の島で告白したとき、
…付き合ってください
…ウチな彼氏おんねん
…え?
衝撃の事実を知る。
でもすでに、事実上別れていたらしく、
ちゃんと別れてからでもいい?
後日、
ウチ…別れてん
…じゃ 改めて…付き合ってください
…よろしくお願いします
正式に、付き合うことに。

高尾山、
食べる?
え⁉ 作ってくれたの⁉
イチゴ狩り、
めちゃでかいやつとった
いちご狩り
花見、
誕生日おめでとう
ゆっくりと、愛を育てて、
わ——‼
…ありがとう…
Happy Birthday
28th
泣いてんの?
泣いてへんで

出会ってから、まだ一年も経ってないけれど
結婚
この人かもしれないと思い始める。
料理は美味しい
好みも、合うし、
今日は肉や。肉の気分やな
親思いだ。
あ、かーさん誕生日プレゼント届いた？
でもそんな個々のポイントよりも
又吉って本も書けんねんな！
尊敬するわー…
へ〜…
ペラ
…
おじいちゃんとおばあちゃんになっても、仲良くやってるイメージが描けたから。

それは、燃えさかる恋のような感情よりも
ずっとずっと小さいけれど、
でも、何十年後もそこにあって、
心の真ん中を、ずっとずっと
温めつづけるような確かなぬくもり。
今年もめっちゃキレイやなぁ…

いざ、ハワイのビーチでプロポーズ。
どこ行くんか教えてやー
ひみつ
ドキドキ
着いたよ！
ドキドキ
セイ！セイ！
セイ！セイ！
セイ！セイ！
セイ！セイ！
スィー…
……
…ここで合ってる?
のはずが、大量の地元のボート部により急遽、中断し、
都内で改めてしました。
僕と結婚してください
よろしくお願いします
泣いてんの?
泣いてへんわ

おまけ。
それからまもなく、
この子、一番元気無いね…
ブリティッシュショートヘアー
他の子、結構売約済みになってるのに……なんかずっとこっち見てる…
ねえ
あっちのアメショー…
…一回抱っこだけしてみーひん?
おとなしくていい子ですよー!
ミー ミー
ミー ミー
…かわゆい…
…名前何にする?
ミー ミー…
新しい家族が増えました。

つむぎへ。

いろんなタイミングが重なって、パパとママが結婚して、キミが生まれた。
今の僕たちの毎日は、そういった運命とも、偶然とも、奇跡ともとれる
縁の上に成り立っているんだね。
ちょっとボタンを掛け違えていたら、全く違った人生だったし、
もちろんキミと出会ってなかった。
だから、今日という日を共に生きていることは、かけがえのないことなんだよ。
全然、当たり前なんかじゃない。

キミのパパになれて、ほんとうによかったと、思うよ。
自分の命より大事な人がいて、守りたいものがある。
そう思えること自体、とても幸せなことなんだということ。
そして、大切な人が成長してゆく姿を見届ける一日一日は、
こんなにも愛おしいものだということを、
キミと出会うまでは知らなかったから。

キミがこれを読めるようになった頃には
全く覚えてないと思うから、報告しておきます。
あなたは、生まれてから今日まで、毎日、毎時間、毎秒、愛されています。
生まれて来てくれて、どうも、ありがとうね。

におう

2017.9.28

今日もつむぱん 大忙し
むぱん
でしたが、
どうも におうので
くんくん
尋ねてみたところ
店長・・・
うんち、しました？
・・・

Q.

「つむぱん」のセールスポイントは何ですか？

A.

品揃えでしょうか。パン屋なのに、魚肉ソーセージや野菜をたくさん売っています。最近はフライパンや調味料も使えるようになったので、それらを使って調理します。鍋にいろいろ詰め込まれたものに対して、「それ何？」と聞くと、「パン」と答えます。さすがパン屋です。

5

・・・・

6

上から確認作業。
…そこから見えます？

洗濯機

2017.9.30

Q.

パパとママの得意・苦手な家事を一つずつ教えてください。

A.

パパ：得意なのは風呂掃除とステーキを美味しく焼くこと。苦手なのは、元にあった場所にしまうこと。

ママ：得意なのはロールキャベツをつくること。苦手なのは、夫が元にあった場所にしまわずに出しっ放しにしているものを、しまうこと。イライラするみたいです。

……
ゴ〜ン…

5

6

見てんねん
ゴ〜ン…
見てるみたいです。

逃走

2017.10.4

5

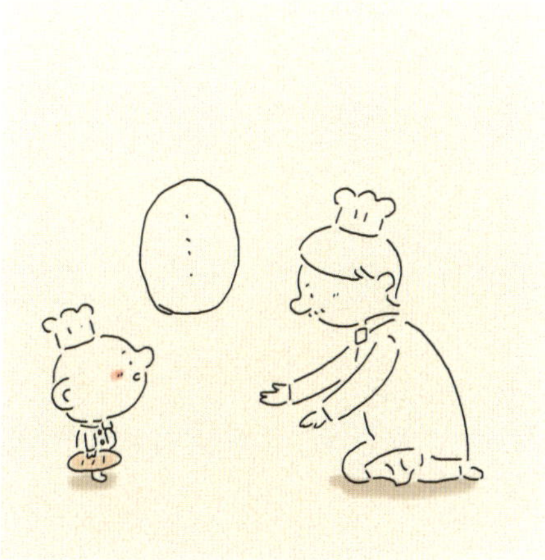
・・・

6

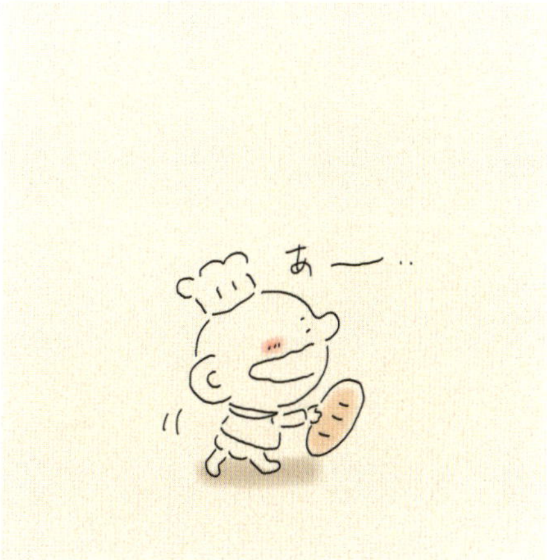
あー‥

7

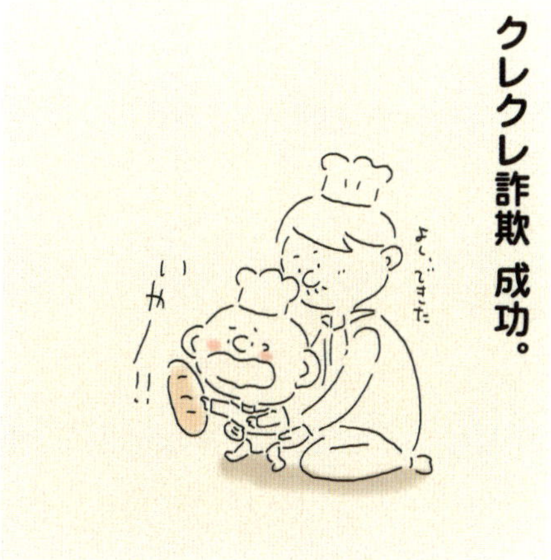
クレクレ詐欺 成功。
よし、できた
いやー!!

買い物

2017.10.5

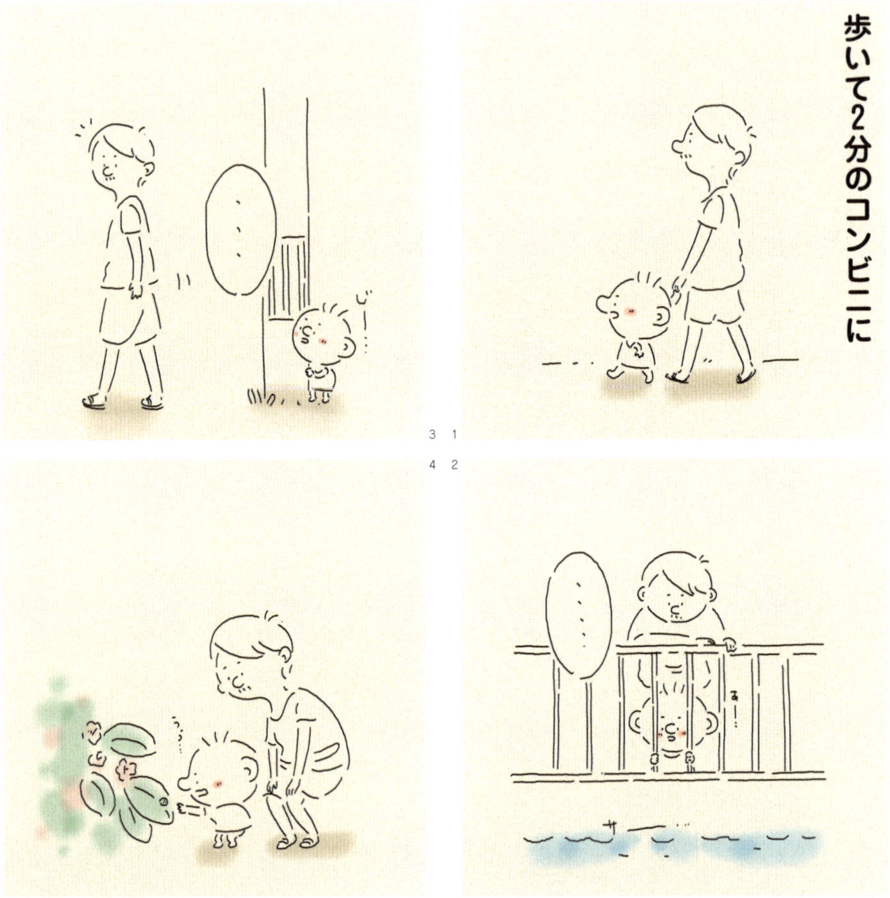

…なぜ戻る…
クルッ
スタスタ…
ゴトン
ガタン
ガタン
ガタンゴトン…
バイバイ
帰りはだっこしていい?
いやー!
20分かけて行く 幸せもある。

コロコロ

2017.9.24

コロコロが大好きなので
あー…
小さいおもちゃコロコロを買ってあげると
あー…
こうなりました。
あー…

銭湯

2017.9.25

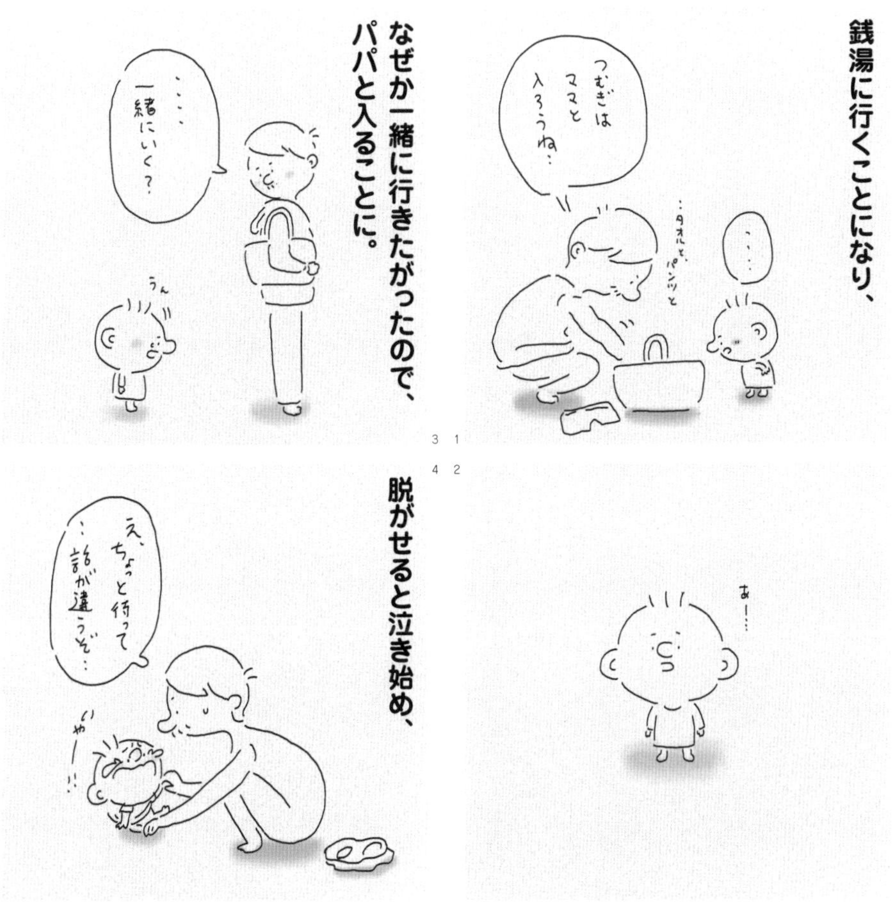
銭湯に行くことになり、
つむぎはママと入ろうね…
…タオルと、パンツと
…
あー…
なぜか一緒に行きたがったので、パパと入ることに。
…一緒にいく?
うん
脱がせると泣き始め、
え、ちょっと待って…話が違うぞ…
いやー!!
3 1
4 2

5
場内響き渡るほど号泣し、
うゎ〜ん
いやー!!
コワー!!
すいません…
6
ぴゃ〜〜
(おえっ)
嗚咽
うわ〜ん
(おえ)
よし、入ってまだ一分だが、出よう…
7
始終泣きっぱなしで
いやーー!!
8
行く前の2倍疲れて幕を閉じた。
ただいま
どしたん?
はやく、これを…

9

10

Q.

家のお風呂では
どんな遊びをしていますか？

A.

お歌とお絵描きが多いですね。「ぱぱァ、かく！」とリクエストしてくるので、お風呂で描けるクレヨンみたいなやつで、壁中、アンパンマンやトトロを描きます。おかげでアンパンマンのメインキャラクターは、何も見ずに描けるようになりました。この能力を、今後の人生にうまく活かしたいのですが、活かし方がまだ思いつきません。

振り出し

2017.9.27

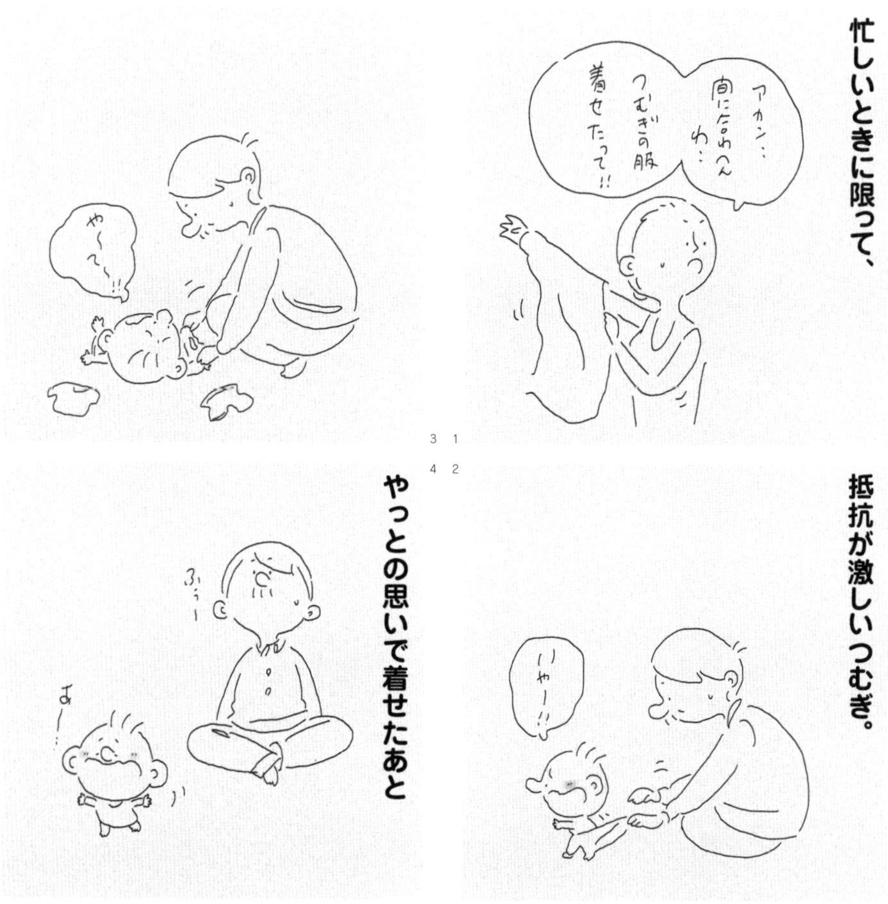

忙しいときに限って、
アカン…
間に合わへんわ…
つむぎの服着せたって!!
抵抗が激しいつむぎ。
イヤー!!
や～て～!!
やっとの思いで着せたあと
ふぅー
よー…

7 5
8 6
準備できたで!
はよ行こ!!
あれっ
つむぎは?
……
シャー…
シャ…
つむぎ!?
体を張って、フリダシに戻す。

鼻水

2017.10.12

先日 店長がお仕事中に
…店長っ…
…
ぼー…
くしゃみをして、
へっくし！
床につきそうな鼻水をすかさずキャッチしたものの
…ギリギリセーフ
タラー…
ウェッティーまで微妙に届かず、

慎重に誘導し、
そう！前へ！店長すごい！天才！
あー！
タラ〜ン
そぉ〜

5

6

突然、笑顔で逆走。
キャキャ
キャキャ
……なぜ？

Q.

つむぱんは、週に何回くらいオープンしていますか？

A.

毎日営業しています。営業時間が2分くらいのときもありますが。毎日忙しそうに働いているのに、レジのお金は5万円（僕の母がつくったやつ）から増えも減りもしていません。

タオル

2017.10.15

使い終わったタオルで遊んでいると
あ
つむぎ、それ洗うからかして。
いや!
キリンさんのタオルの方がかわいいよ!
何それすごくかわいい
(あいの手)
・・・・

いや！
こんなにかわいいねんで！
何よりオシャレだね
いや!!!
グッ
交渉不成立の末、没収。
うわああ〜ん!!
スタスタ…

お見送り

2017.10.16

一ヶ月くらい前
じゃあ 行ってきまーす
ガチャ
つむぎーパパお仕事行ってくるってー
タッ タッ
初めて見送りができるようになりました。
ばいばい

5
…ばいばい
がんばってくるね…
6
最近は
そろそろ行くか…
7
食い気味に別れを告げられます。
じゃあパパ、行
ばいばい
・・・・

おっぱいのぱい

2017.10.17

とある日
向こうの部屋で賑やかな声。
おっぱいぱいのぱい!
キャハハ!
おっぱいぱいのぱい!
キャハハ!!
・・・・
キャハハハ!!
ゲラゲラ
ヒーヒー
しぬ!
おっぱいぱいのぱい!やってあげてーな
ヒー!ヒー!
ちょっと洗たくしてくるわ
キャハキャハ!!

5
あー
おもろかった
……
…おっぱいぱいのぱい？
6
ゴホン
7
おっぱいぱいのぱい！
8
……
えっ何？
…ちがう？
ただただ 恥ずかしいパターン。

水たまり

2017.10.19

父親としての想い。
雨あがったね
あー
何にでもチャレンジできる
のびのびした子に
なってほしいから
また
きがえさせなきゃ…
キャ キャ キャッ!
多少 失敗や間違いがあっても
びちゃびちゃだね…
あー…
なんでも いろいろ経験させたい。

5

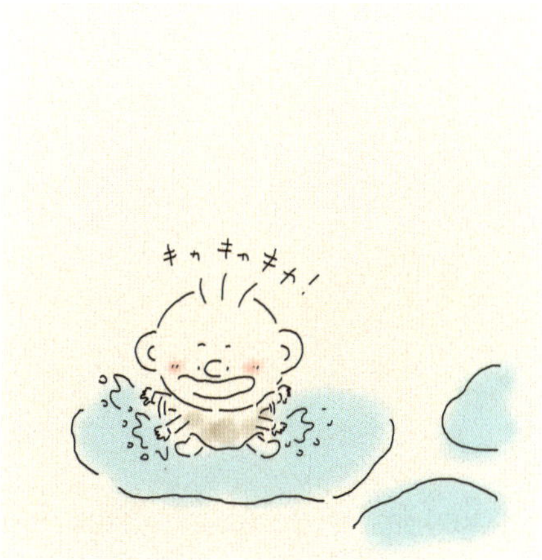
キャキャキャ!

6

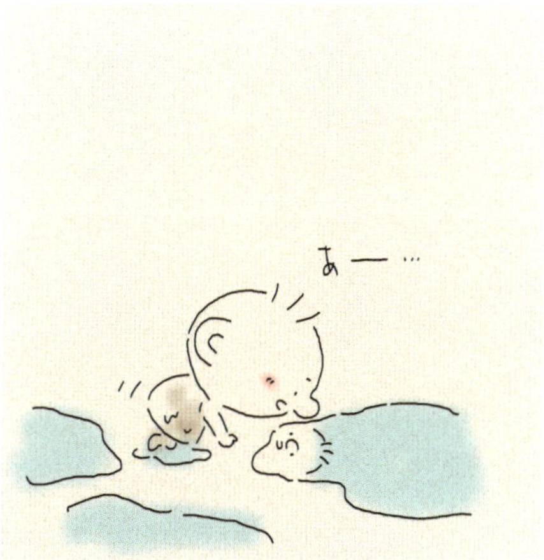
あー…

7

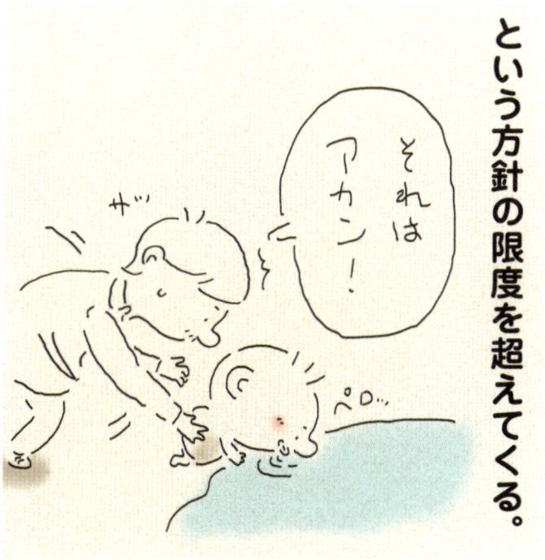
ザッ
それはアカン!
ペロ…
という方針の限度を超えてくる。

お出迎え

2017.10.20

最近 一番 うれしい瞬間は
ただいまー
バタン
あー
タッ
タッ
迎えにきてくれるように
なったこと。
あー
タッ タッ
でも、そのとき以外は
ママから離れないので
パパと あそぼう
いやー!

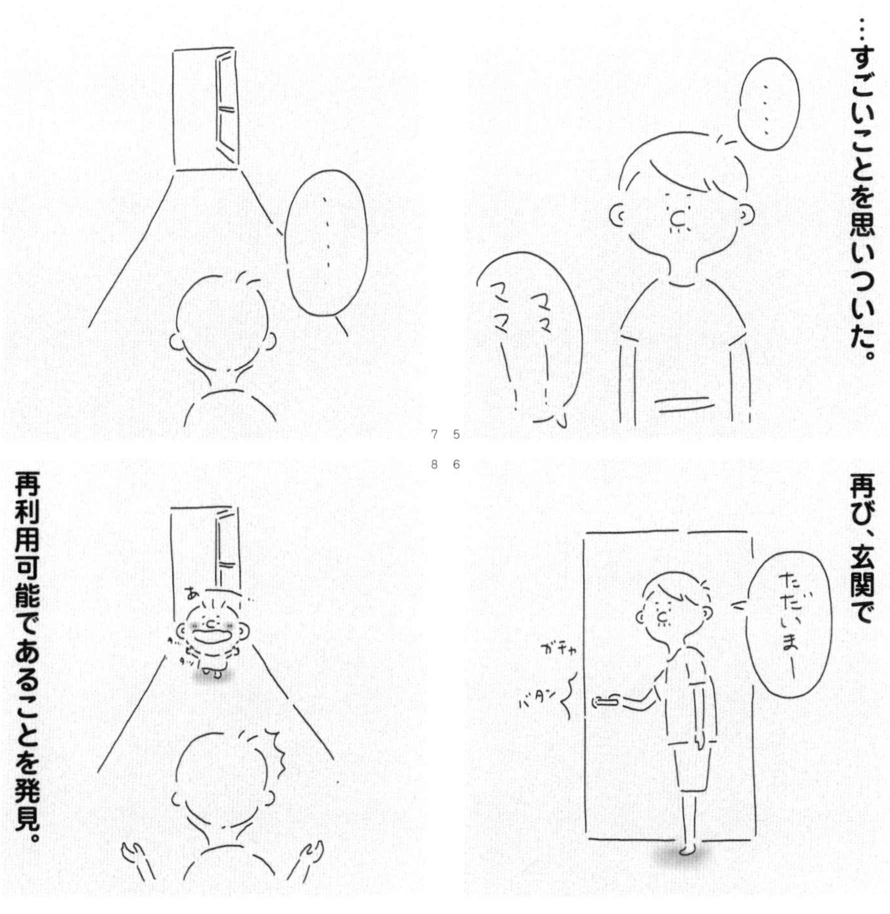
…すごいことを思いついた。
…
ママー！
ママー！
再び、玄関で
ただいまー
ガチャ
バタン
…
再利用可能であることを発見。
あ
ダッ

あかん

2017.11.1

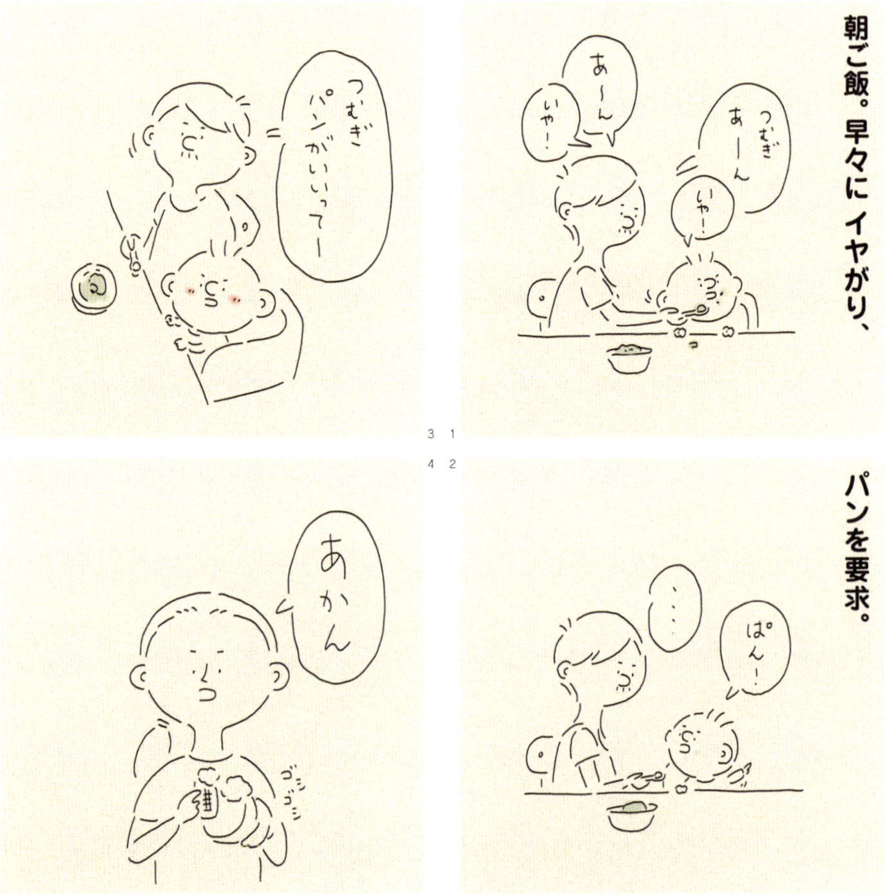

つむぎはがんばって
食べなさい。
パパはがんばって
食べさせなさい。

5

パパの力の無さ。
チカラになれなくてゴメン…
…

6

…を知っているかのような
あきらめの早さ。
はいはい!
今すぐっ
んあーー…

7

チュー

2017.10.23

アカン…
チューしたい。
しかし 我が家では 口と口では
禁止されているので
…それは叶わぬ夢。
そんなある日
庭で水やりをしていると、

5

プチュー

6

このチャンスを ものにしたい…
もう二度と
ないかもしれないし…
ゴクッ

7

ガラス越しエンダァァァァ〜
イヤァァ〜

嘘泣き

2017.10.25

つむぎがキッチンに侵入し
あー‥
ママに叱られて、
キッチンは、入ったらアカン言うてるやろ!!
…
うえ〜〜ええ〜〜ん!!!
しらん しらん
うわ〜〜ん
スタ スタ
3 1
4 2

バタンッ
……
……
……
……
…いやいや見てましたよ
うわぁーん
すべてを許してあげたくなるヘタクソさ。

結婚式

2017.10.29

昨日 義姉の結婚式がありました。
その日のために 何日も前から つむぎの髪留めを 手作り。
たのしみやなー
あー…
そして 式当日、
そろそろ 下に降り…
破壊。
キャ キャ！
・・・

5
…もう直らへんわ…
6
悲しくなって 泣き出すママ。
うう…
7
さすがに 責任を感じたらしく
……
8
全力で なぐさめてました。

注文

2017.11.1

店長、頼もしくなりました。
いらっしゃいませ！
ピッ
じゃあ サンドイッチ ください
いらっしゃい
おすすめ
ちゅうもん
おっ、すごいすごい
サンドイッチ
パチパチ
ピッ

Q.

パパ・ママ以外の
お客さんが来たときの
店長のエピソードはありますか？

A.

他のお客さんが来たときは、すごく張り切って、いろいろ売りつけています。でも、いつもパンを買ったら、すぐ「パクパク…おいしい～」とやるのですが、他のお客さんはそれを知らないので、やってもらえません。だから、たまらず店長自ら「ぱくぱく、おいしい～」と売った商品を食べて、レクチャーしています。

5

以上でお願いします
…

6

オススメは、エビフライ定食です
…
…それはもうちょっと早めに押そうか
ピッ
あと一歩です。

子供服

2017.11.7

服を着せるとき、
よし、できた
あっ
前後ろ、逆やん
…えっ、ボタンついてるよっ
ボタンがついてる方がどー考えたって、後ろやん！
何回も言わせんと、てや
パパ学習し
なんどもごめん…
なるほど 大人の服とはちがうのか…

7 5
8 6
後日
よし、できた
ボタンが後ろ。オッケ。
また前後ろ逆やん！
え!! ボタン後ろだよ!?
応用を求められる子供服。
それ応用効かへんすぎやで
大体、首まわり見たらわかるやん

カーテン

2017.11.9

つむぎは カーテンが大好きで
あー‥
ば
うわ!! びっくりした〜
驚かせるのが たのしくて
キャ キャ キャ キャ
何度も何度も
モソ モソ
…

5
ば
うわ!! 心臓止まりそうになった!
6
くりかえす。
…
モソ
モソ
7
たまに、
…
…
8
応援したいほど「ば」のキレ味が悪い。
…
もうちょい‥
そう、
ば
ば!!
ば!!

いたいのいたいの

2017.11.13

最近つむぎは、痛いところを
あー…
コテンッ

教えてくれるようになりました。
どこ痛い？
ここー

いたいのいたいの…

痛いの飛んでくのがお気に入りで
あー…
とんでけ～
パッ…
よし、治ったー！

……
じゃー、キリンさんは どれ？
ゴーンッ
……
プル プル…
ここ
ちょ、まって…
……
時と相手を選びません。

パパは頼られたい

2017.11.16

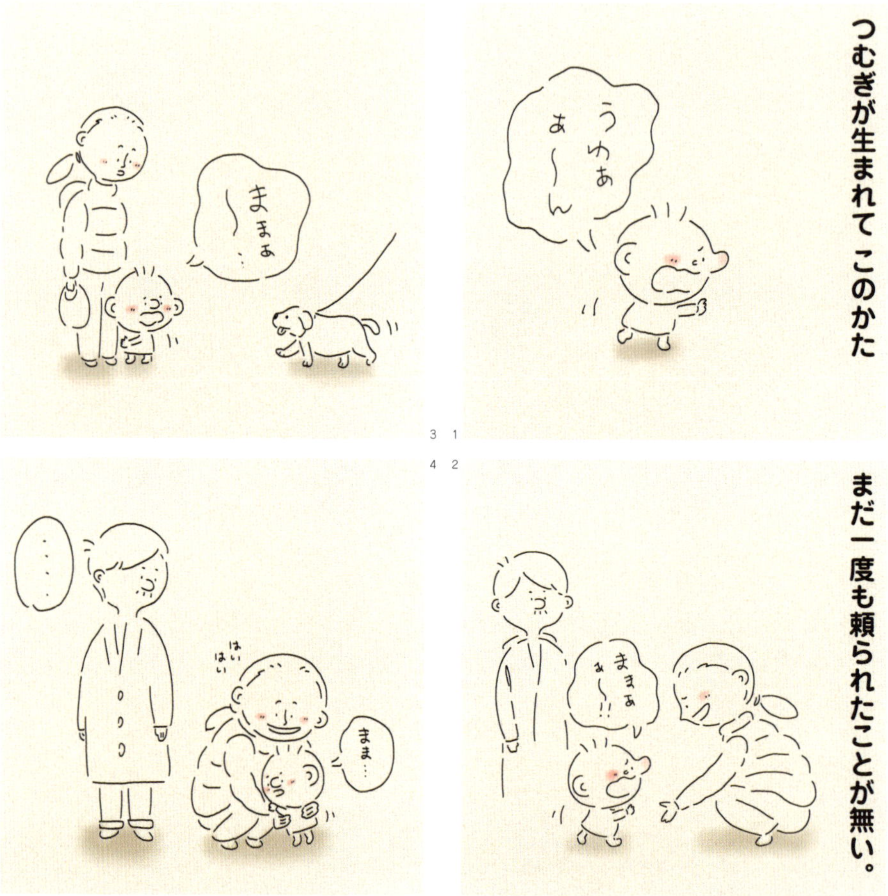
つむぎが生まれて このかた
うゆああ〜ん
まだ一度も頼られたことが無い。
ままぁぁ〜!!
ままぁ…
…
はい はい
まま…

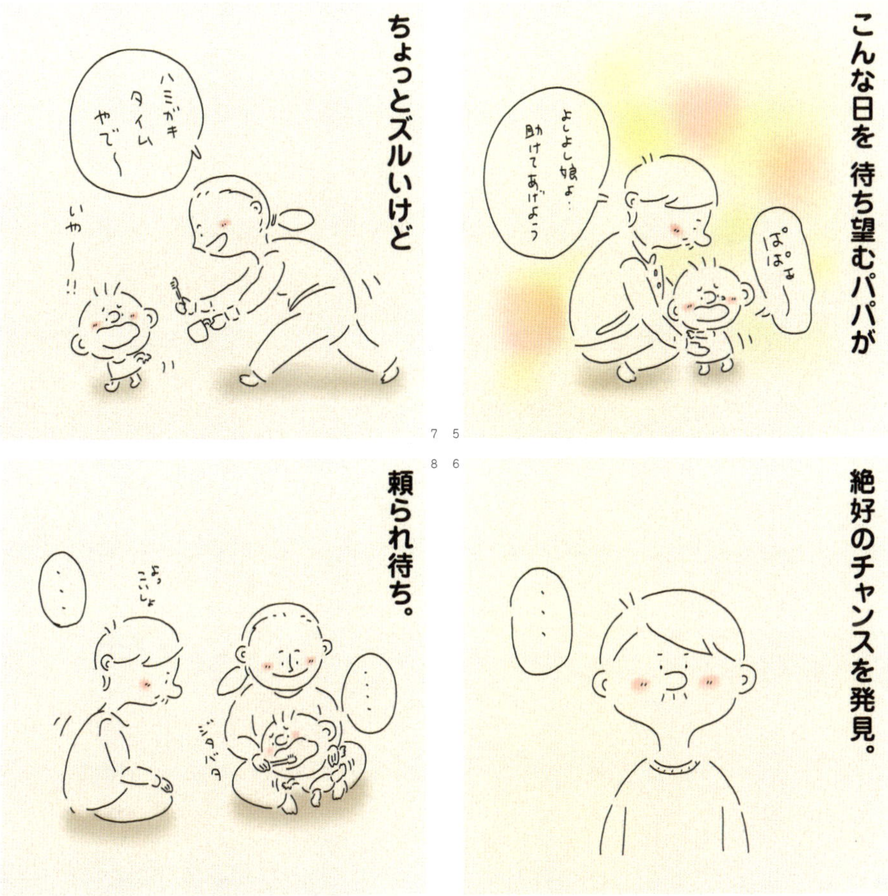
こんな日を 待ち望むパパが
よしよし娘よ・助けてあげよう
ぱぱぁ〜
絶好のチャンスを発見。
・・・
ちょっとズルいけど
ハミガキタイムやで〜
いや〜!!
頼られ待ち。
・・・
よっこいしょ
・・・
ジタバタ
7 5
8 6

Q.

その後、パパは頼られましたか?

A.

おかげさまで、当時よりはずいぶん頼られるようになった気がしています。昔は考えられなかったのですが、今では妻が用事のときなど、つむぎと2人で水族館などに行ったりします。その帰りに、妻から「他のもの食べへんくなるから、あんまり食べさせんといてや」と禁止されている、ソフトクリームを買い与えて、パパの存在感を出していっています。

・・・

9

10

来ない。
・・・
ママ、いまよ〜…
ままぁぁ〜!!

Q.

つむぱぱさんにとって、
理想の父親像って何ですか？

A.

　あまり考えたことないので、分かりませんが、友達みたいな関係になれるといいなあとは思います。彼氏のことも普通に話してくれるような。でも言わないだろうなぁ。思春期って、そういうもんだもんなぁ〜。言って欲しいけど、言わないだろうなぁ…

Q.

奥さまは、つむぎちゃんにとって
どんなママだと思いますか？

A.

　すべてを受け入れてくれる、つむぎにとって、いちばん大切な存在です。妻はつむぎに対して、僕よりも優しくもあり、僕よりも厳しい人です。でもそのすべてに愛がある。つむぎもそれを分かって飛び込んでゆく。僕は、その光景を眺めながら「どんな教育よりも、こういう原体験をつくってあげることが、一番大切だよなぁ〜」なんて考えながら、隣でコーヒーを飲んでいます。

特別

2017.12.6

5

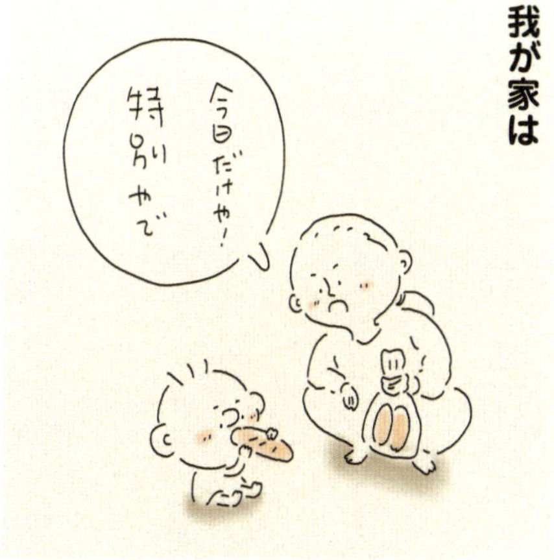
我が家は
今日だけや！
特別やで

6

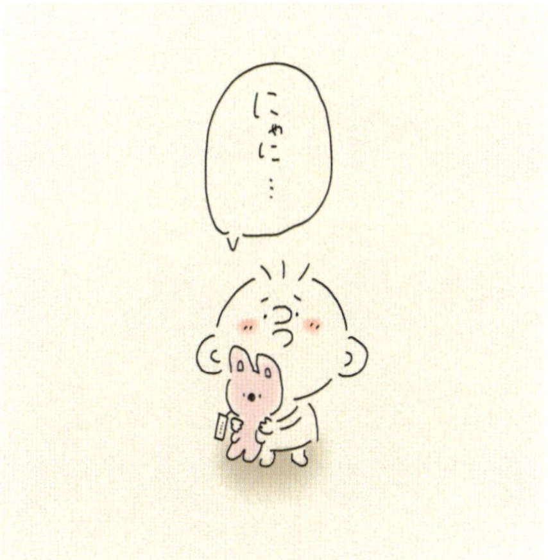
にゃに…

7

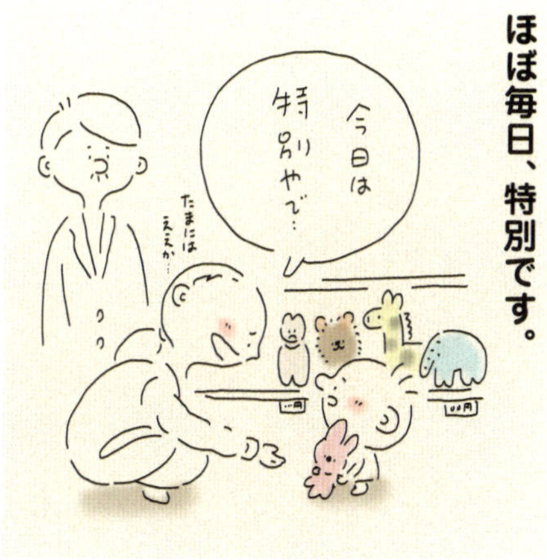
ほぼ毎日、特別です。
今日は
特別やで…
たまには
ええか…

新婚カップル

2017.11.15

ひさびさに早く帰った日のこと。

ただいま〜
あ、おかえり
つむぎがぐずって離れへんねん
どうしたいん？ごはんにする？
先、お風呂にする？

5

……

6

ままぁ〜

7

新婚カップルみたいなの展開中。
やっぱりママやんなぁ…
あの…すいません。…今日ボクのごはんってあったりします?

スプーン

2017.11.20

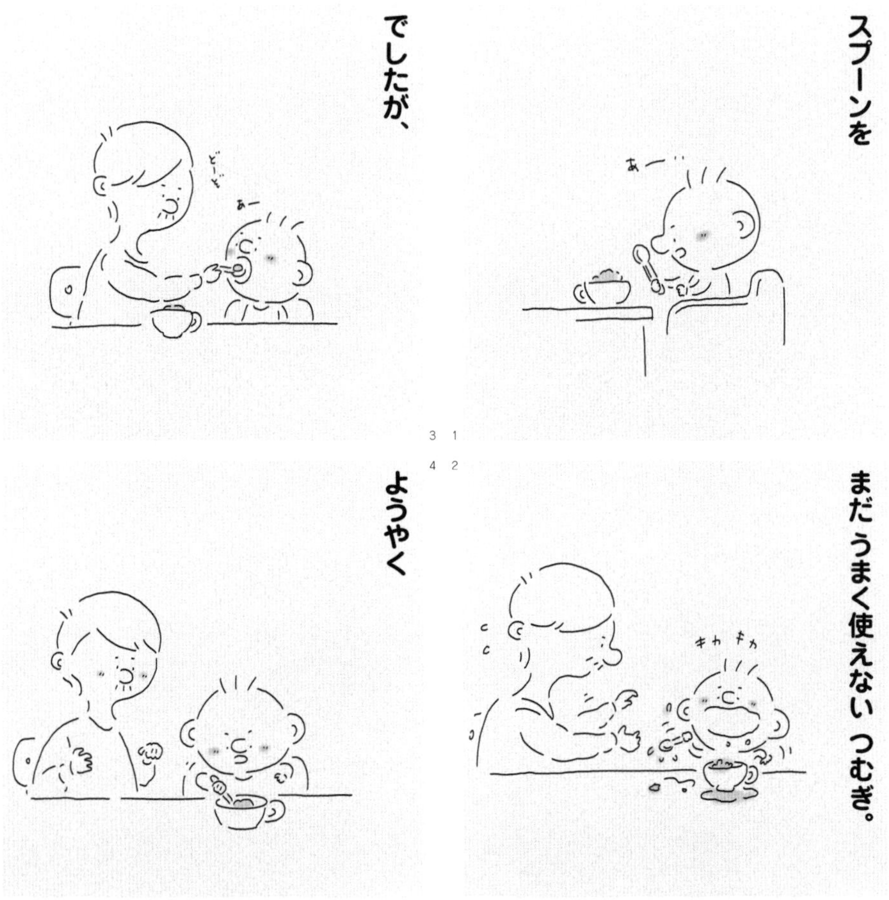

スプーンを
あー
まだうまく使えないつむぎ。
キャキャ
でしたが、
どーど
あー
ようやく

5

スプーンですくって
おお…!

6

持たせてくれるようになりました。
…食べたら?
そぉ〜…

Q.
パンとポテト以外では、どんな食べ物が好きですか?

A.

いちご、ぶどう、キウイ、ソフトクリーム、アイス、ジュース、魚、我が家で「チキン」と呼んでいる骨付きチキンを甘く味付けしたやつ、味のり、朝のバナナジュース。

店長の近況

2017.11.23

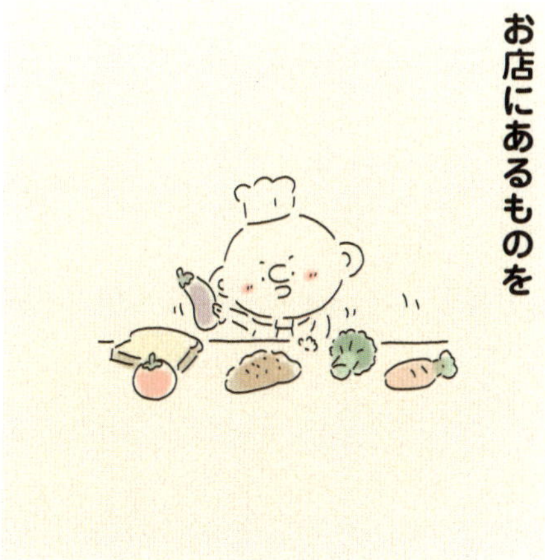
お店にあるものを

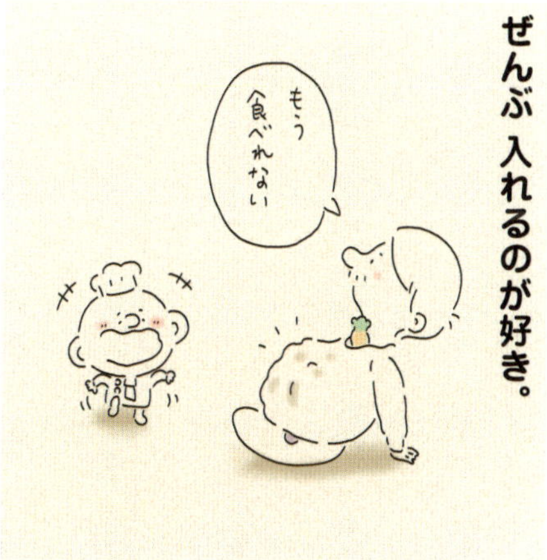
ぜんぶ 入れるのが好き。
もう 食べれない

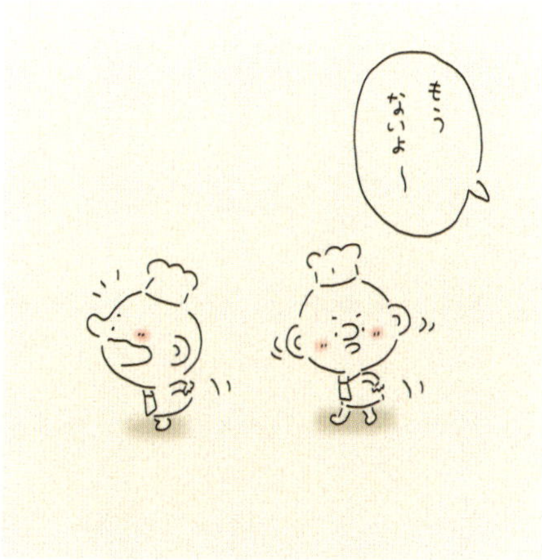
もう ないよ〜

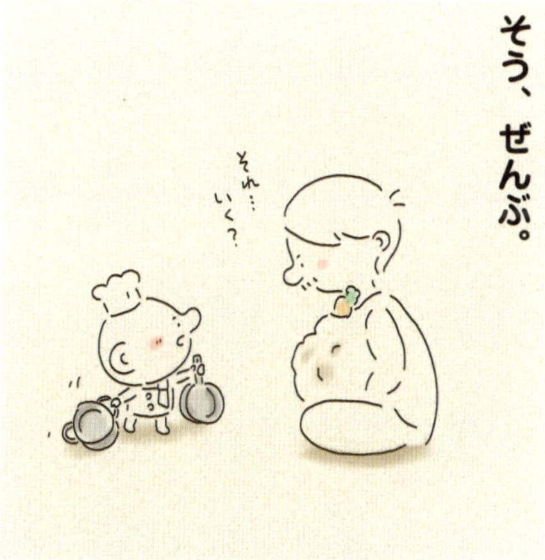
そう、ぜんぶ。
それ… いく?

7 5
8 6

ディスプレイ

2017.11.27

3 1
4 2

デパートでの買い物中、
SALE

お店のディスプレイが気になり

上ろうとしたので
コラコラ…
あー…

お行儀わるいからダメだよ
・・・

5

…

6

行儀良く靴を脱ぎはじめました。
そういうこと
じゃないんだ…
くっく

Q.

お気に入りのお出かけスポットを教えてください。

A.

ほぼ毎週末、いろいろなところに行っているので、たくさんあります。1位、ソレイユの丘。2位、こどもの国。3位、ズーラシア動物園。ですかね。ソレイユの丘、ぜひ行ってみてください。本当に気持ちのよい場所です。キャンプもできますが、なかなか予約が取れないでいます。

イヤイヤ期絶好調

2017.12.1

イヤイヤ期が絶好調で、
がんばってママつくったからおいしいで〜
いや！
ぷう
愛情たっぷり入ってんねんで〜
い・や！！
パン！
ぷう
ママが泣きまねをすると、
ママかなしい…うえ〜ん
うっうっ
3 1
4 2

5

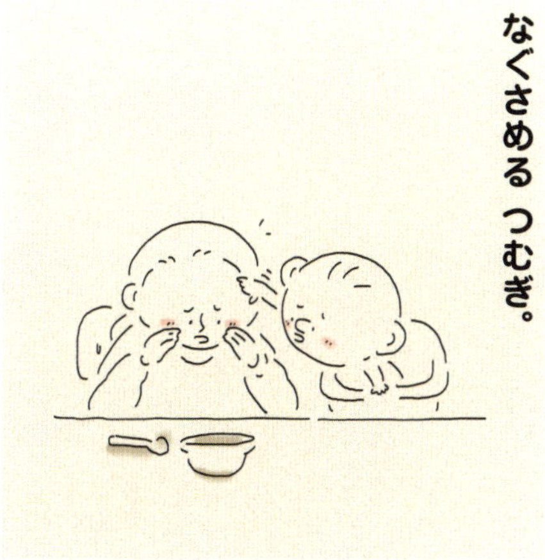
なぐさめる つむぎ。

6

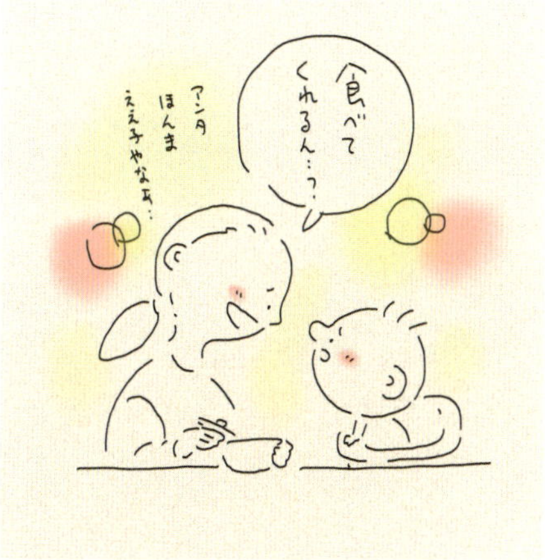
食べてくれるん…?
アンタ
ほんま
ええ子やなあ…

7

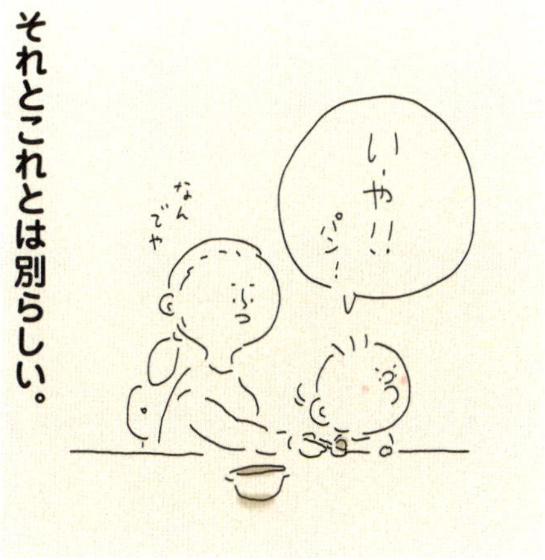
それとこれとは別らしい。
いや!!
パン…!
なんでや

注文2

2017.12.12

ためしに注文したら

た！
（あった）
あ～…
カンタンに替えることに成功。
いやぁあ～
はい、足あげて
翌日、
おむつください
・・・
販売をやめていました。
つむぱん
な～い
（ない）

会話

2017.12.13

だんだん言葉が分かるように
なってきて
今日天気
良いから
お外に行こうか
・・・
タッ
タッ
でも、しゃべるのは まだ
追いついてなくて、
「YES NO」形式の質問では
今日、水族館
たのしかった？

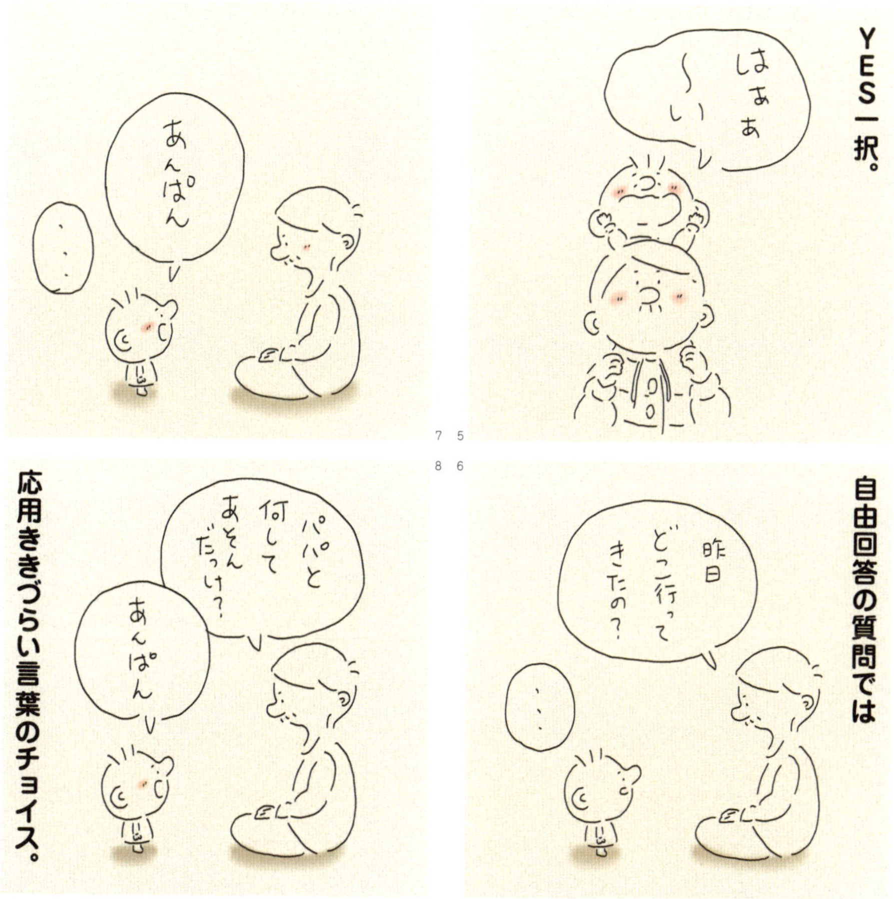

YES一択。
はぁぁ〜い
自由回答の質問では
昨日どこ行ってきたの？
・・・
あんぱん
・・・
応用ききづらい言葉のチョイス。
パパと何してあそんだっけ？
あんぱん

成長する時間

2017.12.15

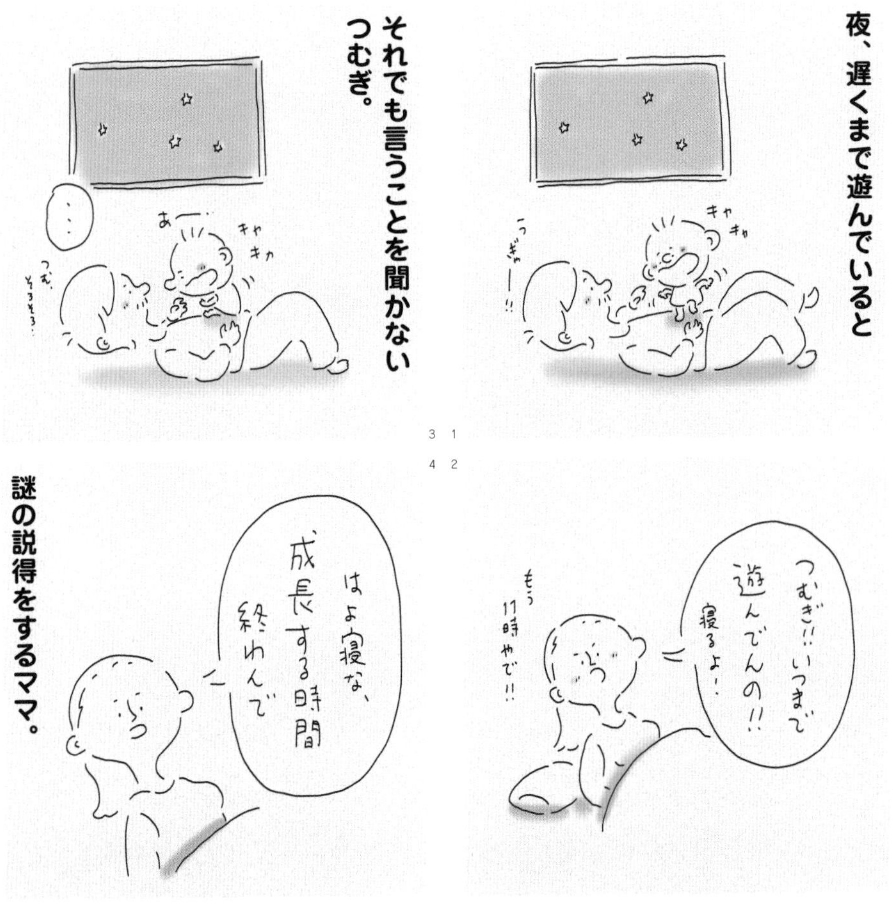

3 1
4 2
夜、遅くまで遊んでいると
キャキャ
うぎゃー!!
つむぎ!! いつまで遊んでんの!! 寝るよ!
もう11時やで!!
それでも言うことを聞かないつむぎ。
あー…
キャキャ
つむ、そろそろ…
……
謎の説得をするママ。
はよ寝な、成長する時間終わんで

成長したいん
やったら寝るで
…
…
…
なぜか、応じた。
うん
成長したい1歳児。

賞味期限

2017.12.16

3 1
4 2
1年前は、
2日か…
…いけるよな
このパン、まだ賞味期限ちょっとしか切れてないし
つむぎ、いけるよね？
アカンよ!! 食べさせんといてや〜!
なんでいける思たん？
最近は、
すぐマンマつくるからまっとってや〜

5

あかん！
この豆腐、賞味期限2日切れてるわ…

6

…
…

7

いきたがるようになりました。
…いけると思う？
いけるよな？
いけると思うねん…

ビデオ通話

2017.12.27

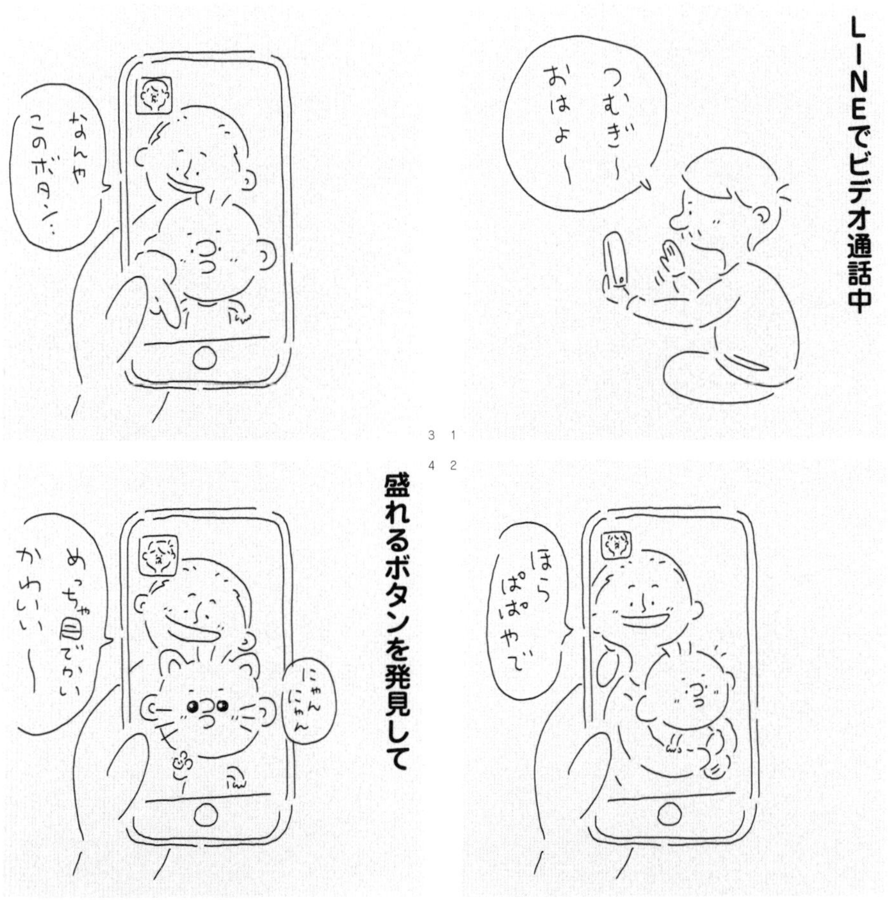

5

つむぎ、朝ごはんは食べた？
ふふ・・

6

こっちもかわいい〜
わんわん
・・・

7

盛り上がりが収まるまで待機。
・・・
じゃあこれはっ
にゃんにゃん
にゃんにゃんちゃうで

シャクレ

2017.12.21

公園で夢中に遊ぶ姿を見ると
つい写真を撮りたくなる。
カシャ
何枚も
カシャ
カシャ
何枚も撮ったあと
カシャ
ウシん

5

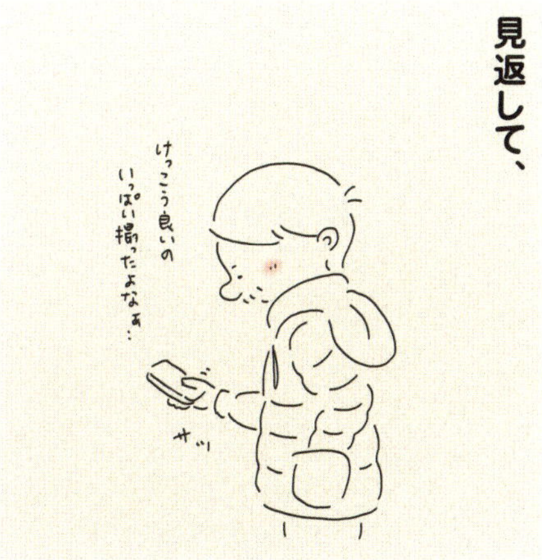
見返して、
けっこう良いの
いっぱい撮ったよなぁ…
サッ

6

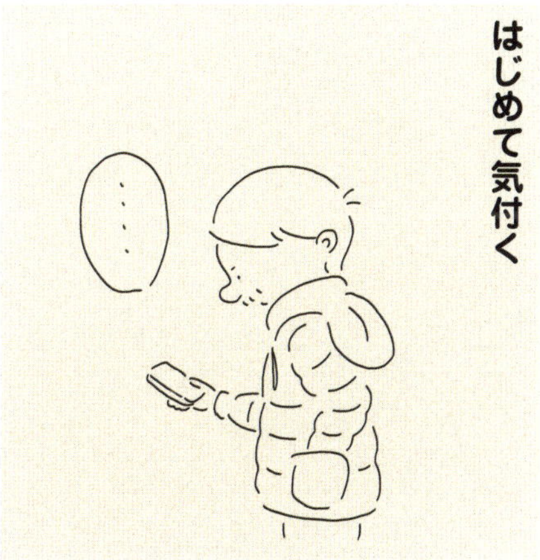
はじめて気付く
・・・・

7

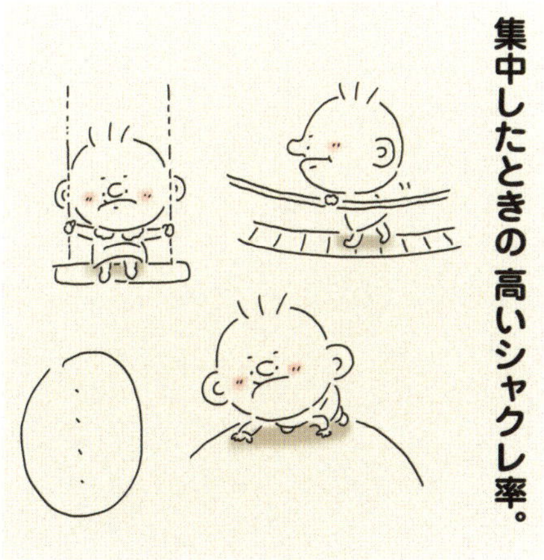
集中したときの高いシャクレ率。
・・・・

クリスマスイブ

2017.12.25

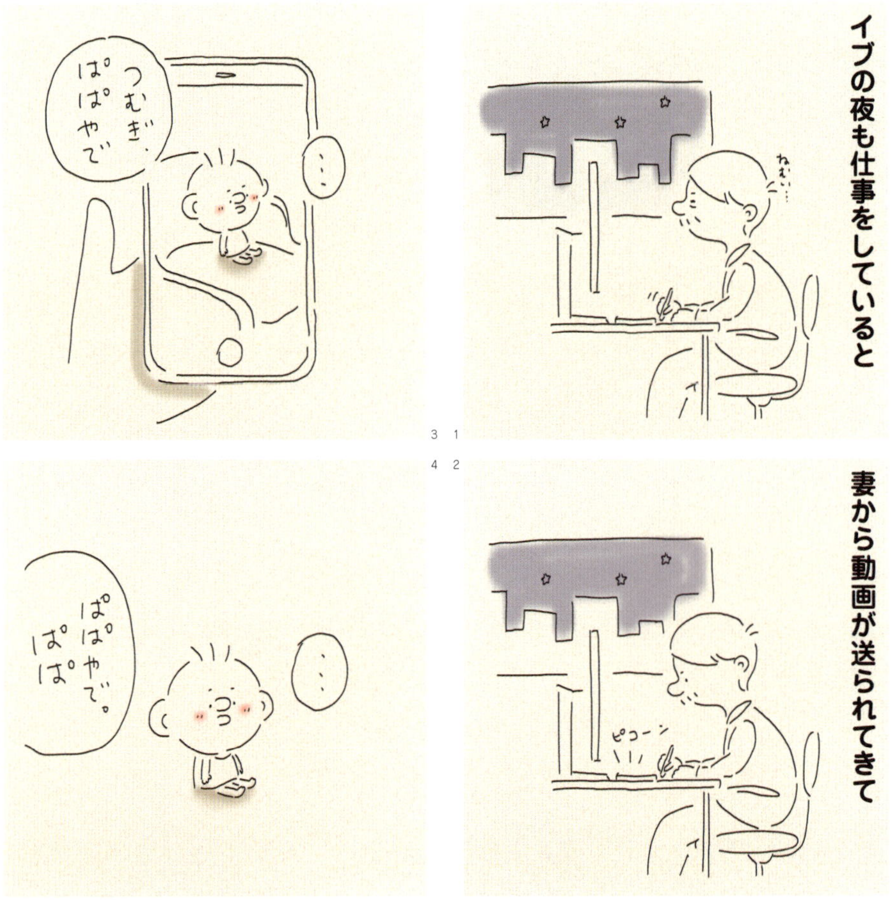

イブの夜も仕事をしていると
ねむい…
妻から動画が送られてきて
ピコーン
つむぎ、ぱぱやで
…
ぱぱやで。ぱぱ
…

ぱ…ぱ
ぱぱって 言ってる!
ぱ
ぱぱぱ ぱぱ…ぱ ぱ…ぱぱ ぱぱ…ぱ
ちょっと多めに、すてきなプレゼントが届きました。
ぱぱ… ぱぱ…ぱ ぱぱ…
…

お絵描き

2017.12.27

Q.

何の絵を描くのが好きですか?

A.

今はまだ、ぐちゃぐちゃ〜とペンを動かしている感じです。自分で描くよりも、描いてもらうほうが好きみたいです。塗り絵ですら、「ぱぱァ、かく!」と言って、描かせてきて、その間つむぎはレゴブロックをしたりするので、「あぁ、なんで今ひとりでバイキンマン塗ってるんだろう…」とふと我に帰るときがあります。

5

すごく素直に
じゃあ ごめんなさい してね
あ!
ペコッ

6

ちゃんと反省した人?
はあ〜い
元気よく反省していました。

デリバリー

2018.1.10

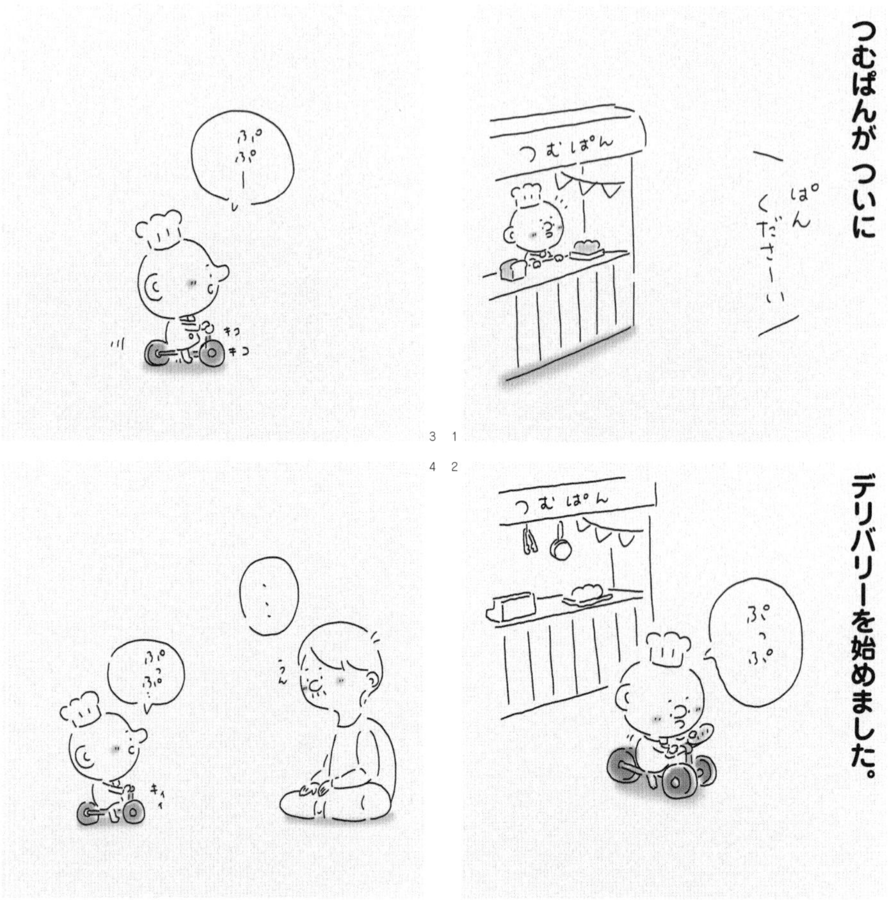

ありがとー
もぐもぐ…
おいしー
うれしくなって つい
キャ
キャ
乗り捨てる。
つむぎー
タッ
タッ

あぱー

2018.1.12

おっぱい触るのが大好きなつむぎ。
また
おっぱい!?
あぱー
あぱー
たまには
パパのに
しーや…
…
あぱーを提供することに。
…いいよ
…
…
あぱー

5

思ったより小さいあぱーで戸惑いつつ
あぱ…

6

しばらく審査したあと、
どう?
コリ
コリ
コリ
コリ

7

捨てられました。
またぁ〜!
あぱ

くちゃ

2018.1.24

クタクタになるほど働いた日、
はぁ〜
つかれた…
どこからともなくにおい、
スン
スン
スン
くさっ!!
あー‥

なぜか興味をもったので、
ほわあ・・
嗅がせてみることに。
かいでみる？
・・・
スン
スン
スン
くしゃくしゃした甲斐が ありました。
くちゃ!!
キャ
キャ
7 5
8 6

今日のオススメ

2018.1.22

つむぱん今日のおすすめは
お魚とホットケーキの煮物。
あー…
ためしに やってみると
もぐもぐ…
まずい!
べー!!
よろこぶ店長。
べー
キャキャ
ありがとー!

おいしいのポーズをすると
おいし～
もぐ
もぐ…
がっかりする店長。
…
もう一口…
もぐ もぐ
ちょっと変わったパン屋さんです。
べー！
べ～
つむぱ
キャ キャ

お風呂

2018.1.26

寝静まったあとに帰ったときの
我が家のお風呂は
…さむい
ぬぎ ぬぎ
バスロマン。
きもちい〜…
はぁ〜…
チャポン
ではなくて
…

Q.

**忙しい毎日で、
気をつけてることはありますか？**

A.

察することでしょうか。どんなにかわいくてもずっと子どもと一緒にいるのは、疲れたりストレスが溜まったりすることがあるようで、朝、やたら妻の機嫌が悪い日があります。そういうときは「うんうん、分かるよ。そういう日だってあるよね」的なオーラを放ちながら、そっとしておきます。

5

6

ですが、なんだか あったまります。

競技

2018.1.29

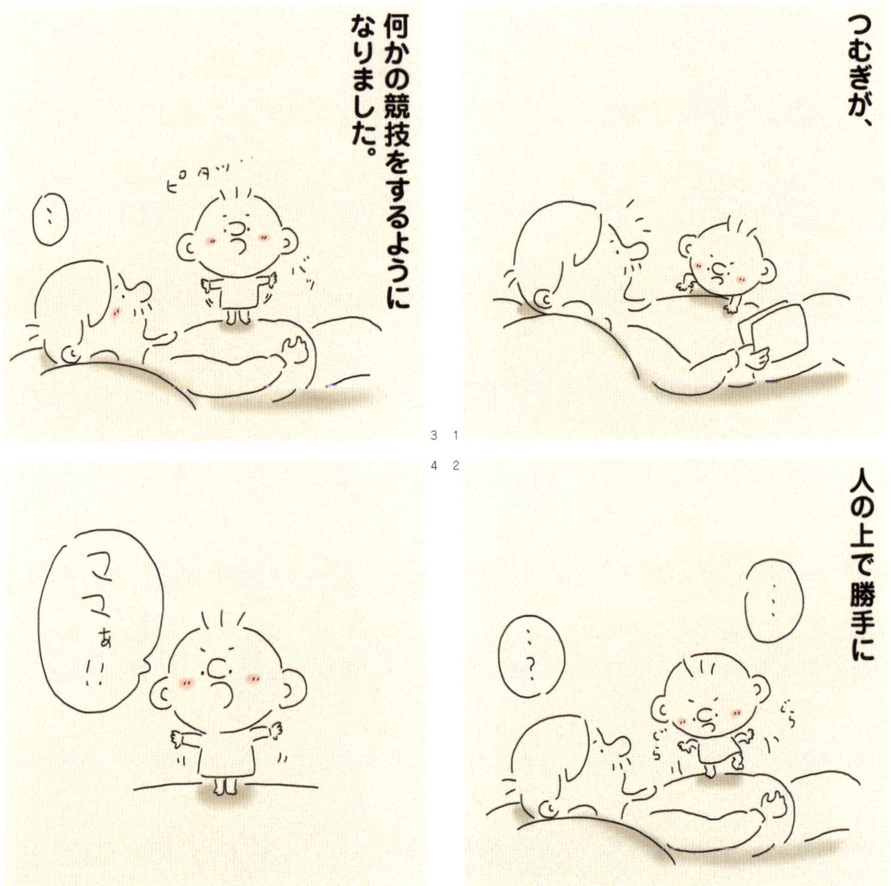

つむぎが、
人の上で勝手に
…
…?
ぐら
ぐら
何かの競技をするようになりました。
…
ピタッ…
バッ
ママぁ!!

5

すごいな!!
バランス感覚バツグンやな!!
パチパチ

6

最近では
ぐらぐら

7

ママぁ!!

8

親子ダブルスでがんばっています。
こんなのもできるよ

お出かけ

2018.1.27

友人家族と 子どもの遊び場に
行ったときのこと。
こどもの国
かなた君
大きくなったね
長い滑り台が大行列で
つい比べてしまう
…
いい子いい子
我が子のこと。

どこまでも自由で、
つむぎー 戻っておいでー
かなたくん、ポテトどうぞ。
もっと取っていいよ
つむぎも食べる?
よくばりで、
・・・
ガサッ

9

コロン
メェー
メェー

10

でも親からしたら、
つむぎも羊さんにあげてごらん

11

どこまでも
・・・

12

たまらなく愛しい個性。
ザッサー

イチゴ

2018.2.20

一度スイッチが入ると
おむつ替えよう
いや!! やーてー!!
(やめて)
イヤイヤが止まらず
お風呂行こうよ
いや いや!!
いや!!
あ〜ん…
この世のすべてがイヤな様子のところに
いや いや いや
いやー!

絶対にイヤではない
もお〜
これやったら食べるやろ
イチゴ登場。
いちごやで
……
……いや
ほんまはイヤとちゃうくせに
……

9

心の壮絶な葛藤の末、
…

10

ぐふぐふ言ってました。
ぐふふ…
ぐふ

Q.

イヤイヤ期の乗り越え方、
教えてください。

A.

僕は父親だからかもしれませんが、「イヤイヤ」言われて、困った記憶がありません。「そっかー、イヤなのか。イヤなら仕方ないよね～」と思い、そのままにしちゃいます。でも妻は、そうは言っていられないみたいで、ごはんを食べないときなど、うまい具合に誘導して食べさせています。食べたくさせる言い方が上手なんですよね。見習いたい。

魔法の自転車

2018.2.16

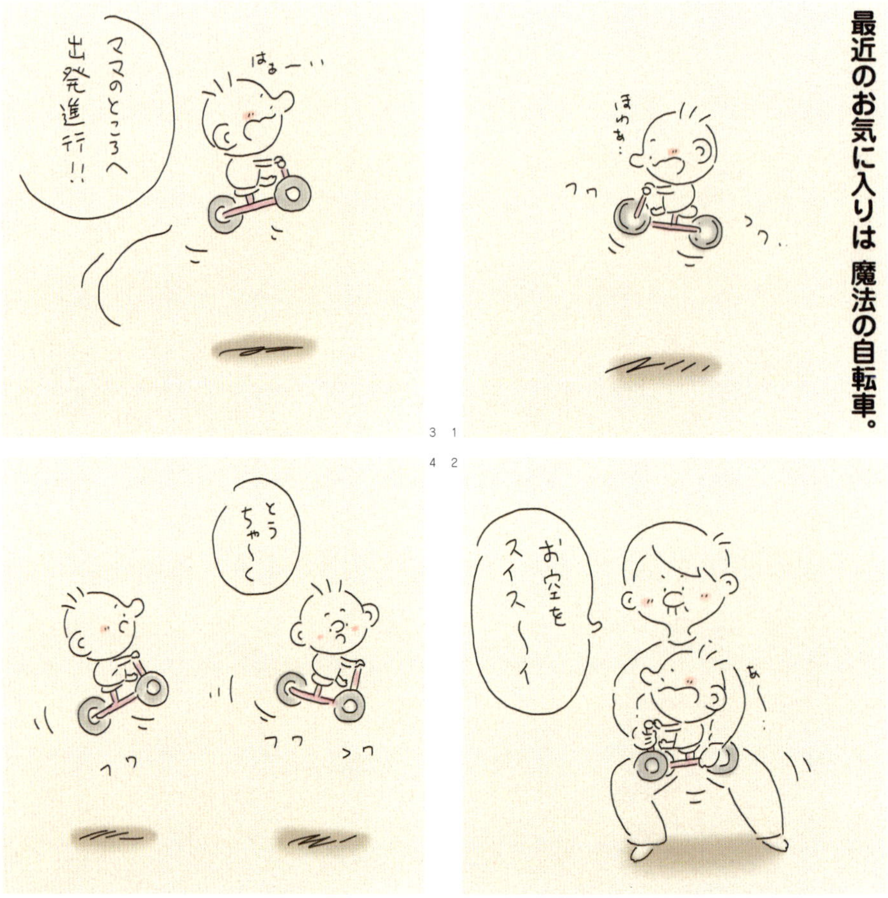

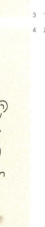

5
ママぁ!!
6
パパ!!化粧水のフタ!!
また閉めてへんやんか!!
えっ?
7
何回言うた?
なぁ…なんで
できひんのよ…
8
ママぁ!
言うてもできひんかったら
言わんのと一緒やで!!
…きいてんの?
そっと遠ざかる魔法の自転車。

オリジナルソング

2018.2.23

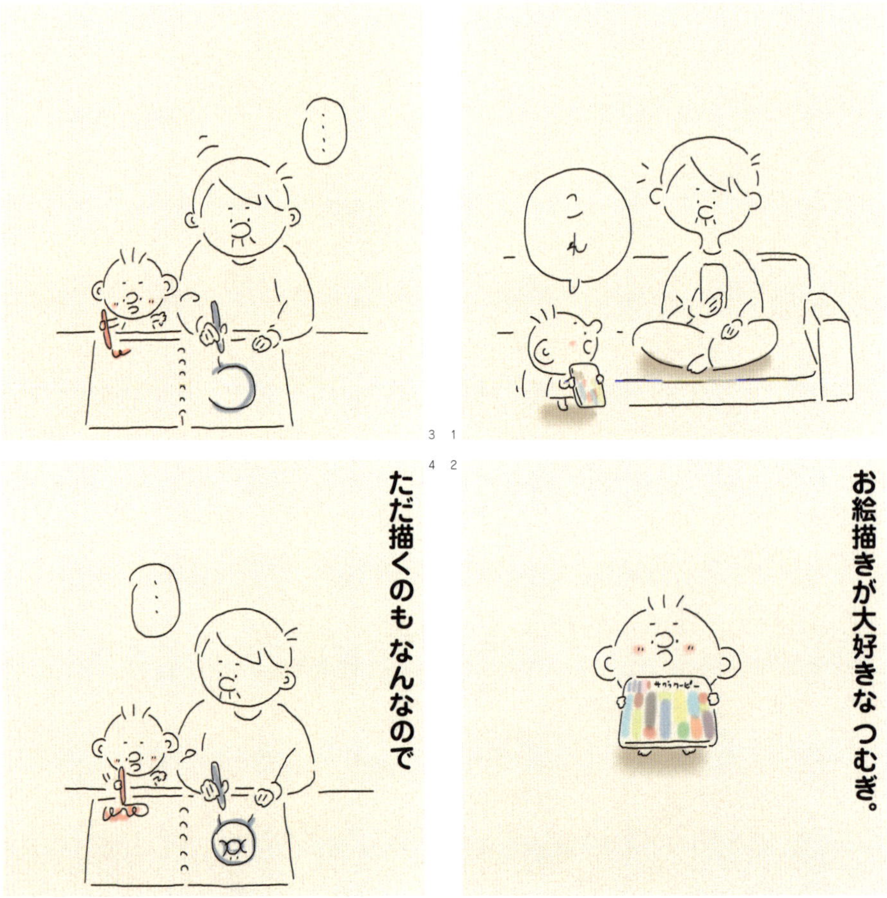

これ
お絵描きが大好きな つむぎ。
サクラクーピー
…
ただ描くのもなんなので
…

思いつきのオリジナルソングを歌いながら描くことに。
お絵描き
し〜ましょ
ひょっ ひょっ
ひょ〜
茶色に
変えましょ
ひょっ ひょっ
ひょ〜
たのしい
お絵描き〜
いきなりデュオしてきた。
たのしい
お絵描き〜
ひょっ
ひょっ
ひょひょ〜

セール

2018.2.28

つむぱんのセールスが
初めて、単語から文章になりました。
パパどーじょ
ぺこ
ありがとー
もぐもぐ…おいしー
ママどーじょ

ありがとー
もぐもぐ
おいしー
イヤイヤ期のつむぎに
つむぎ おにぎ
いやっ
・・・
ためしに使ってみると、
つむ どーじょ
サッ
有効すぎた。
あっとー
（ありがとー）
ぱくっ
7
5
8
6

誕生日

2018.3.3

つむぎ〜 おいで〜
タッ タッ
あー！
3月1日、つむぎの誕生日でした。
♪ハッピバースデー つむぎ〜♪
ママがつくったんやで
PPY BIRTHDAY
ふーしてごらん

ふぅー
微風すぎて消せなかったけど、
・・・
2歳、おめでとう。
これ、プレゼントだよ
お医者さんセットやで
あと、絵本を描きました。
オニとつむぎ
ONI and TSUMUGI

オニとつむぎ

まあたいへん。
もう
おつきさまが
ねむるじかんだ

おそいから
また あした あそぼうね

いや！

あーあ
おにさんきても
しらないよ

がさがさ
のっしのっし
がさがさ
のっしのっし

ねないこ
だれだ！

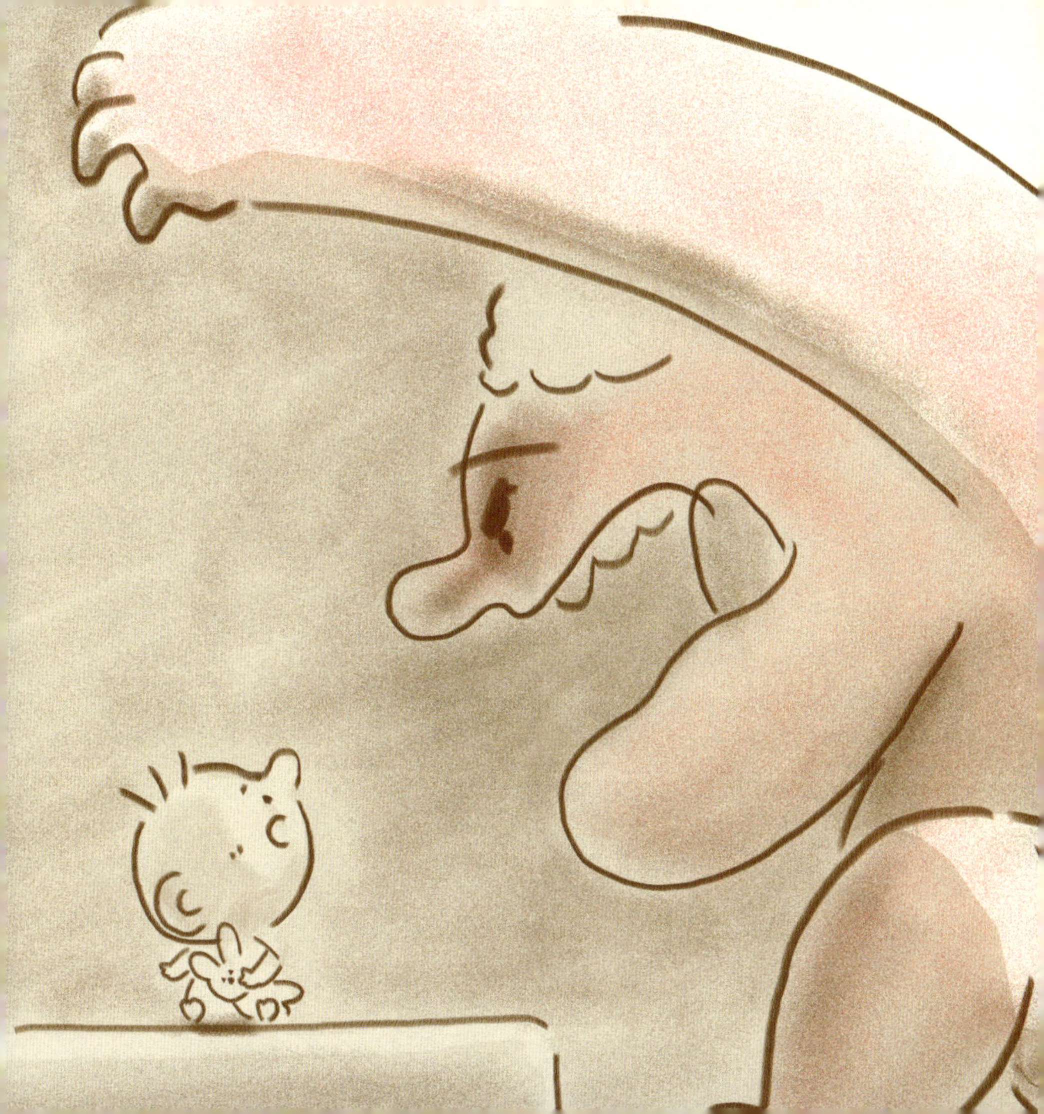

あれれ？

こまったな

あそびにきたんじゃ
ないんだよ
ねてくれなきゃ
こまるんだ

そうだ！
たくさんあそんで
つかれさせよう

そうすれば
きっと
ねてくれるはず

ねてくれない
つむぎちゃんと
まいばん
まいばん

おいかけっこに
おうまさん
かくれんぼに
いないいないばあ

つむぎちゃん
つぎはなにしよう？
たかいたかい は
どうかな？

それとも
もういっかい
おうまさん？
なにする？
なにする？
つむぎちゃん

あるひ
おにのぶちょうに
おこられた

こどもひとり
ねかせられんとは
なにごとだ！

あーあ
ぼくって
なにをやっても
だめなんだ…
と、おにさんは
ひとばんじゅう
おちこんだ

つぎのひの
よるのこと

あれれ？
つむぎちゃんが
ねむってる

こんなことは
はじめてだ

つぎのひも
またつぎのひも

こうして
おにさんは
べつのおうちに
いくことに
なった

どんなひだって
わすれたことは
なかったよ

いつも
あたまのなかは
つむぎちゃんのこと

でも ちゃんと ねて
くれているんだから
これは うれしい
ことなんだ

そんな
あるばん
つむぎちゃんの ままから
れんらくがあった
ぜんぜん ねむれなくなったそうだ
いそげ いそげ

かぜでも
ひいているんじゃないか

いそげ いそげ

おなかが
いたいのかな

それ
いそげ いそげ

やっとついた
さあ いきを
おおきくすって
めいいっぱい
どあをあけて

ねないこ

だれ…だ…

おなかがぬれてて　わかったよ
ずっとずっと
がまんしてたのは
ぼくだけじゃ　なかったんだね

つむぎちゃん
あしたも
ねないと
おにさんくるよ

あさっても
1ねんごだって
ねないと
いつでも
こわーいおにさん
ぜったい
くるよ

つむぎへ。

本当は、なかなか夜寝てくれないキミを怖がらせようと思って、
怖い鬼を描こうとしたんだよ。
こんな鬼になったから、もちろん全く効果はなくて、
その点でいうと、このお話は、失敗作だね。

でもね。本当に伝えたかったことは、そんなことじゃない。
本当に伝えたかったことは、言葉じゃうまく伝わらないし、
今すぐには伝えられることではないけれど、
とっても大事なことだから、いろいろ考えて、絵本にしたんだよ。

ずいぶん先の話になるけれど。
いつか結婚をして、子どもができて、実家に帰って来たときに
この絵本をもう一度ひろげてごらん。
パパが何を渡したかったか、少し気付くことがあるはずだから。
今は、そんなこと知らなくていい。
来年も、再来年も、どんな絵本か楽しみに待っていてくださいね。
あと、鬼さんくるから、夜はちゃんと寝てね。

おしゃべり

2018.3.6

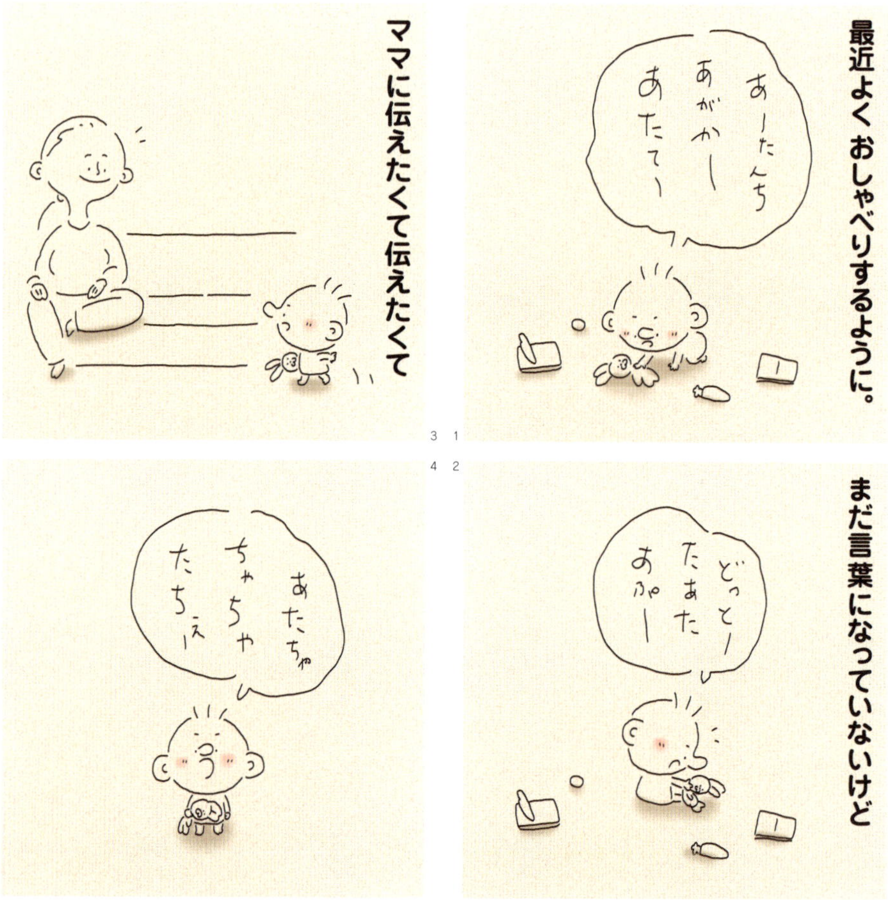
最近よくおしゃべりするように。
あーたんち あがかー あたてー
まだ言葉になっていないけど
どっとー たあた おふゃー
ママに伝えたくて伝えたくて
あたちゃ ちゃちや たちえー

5

でも上手に伝えられない想いを、
・・・
あたちちゃちぇちゃ!!

6

かなり大胆に汲み取るママ。
あたちゃしてあちゃちぇしてたん?

7

・・・

8

あちゃちぇしてたみたいです。
すごいねー
うん

共犯

2018.3.8

植物をちぎって遊んでいたので
植物さん痛い痛い言ってるよ
謝っておいで
謝罪に行かせると、
・・・
引き返してきて
どうしたの?ちゃんと謝っておいで
‥

5

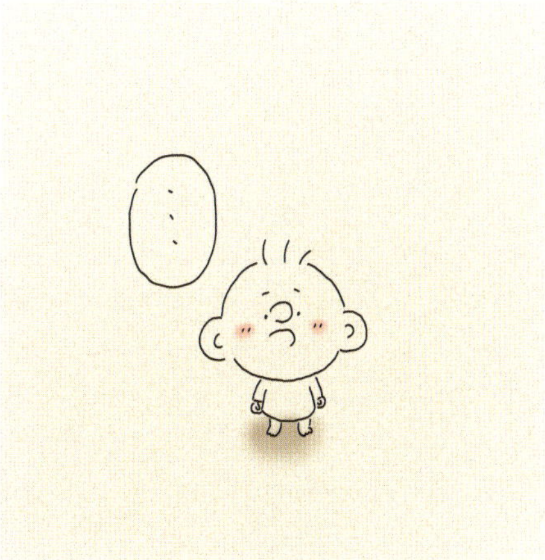
・・・

6

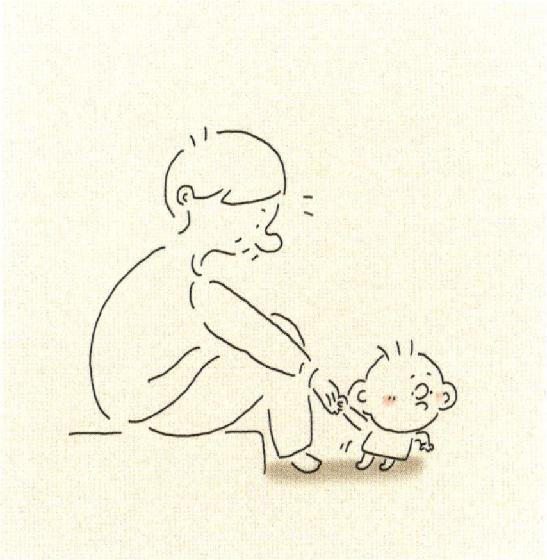

7

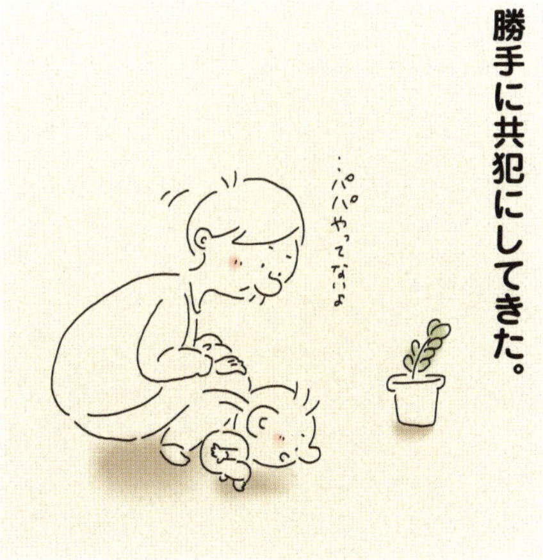
勝手に共犯にしてきた。
…パパやってないよ

カンパイ

2018.2.26

我が家の夕食は、
こでな めっちゃおもろかってん！
へー、写真とった？
だー
はい カンパーイ
ちゅー…

5

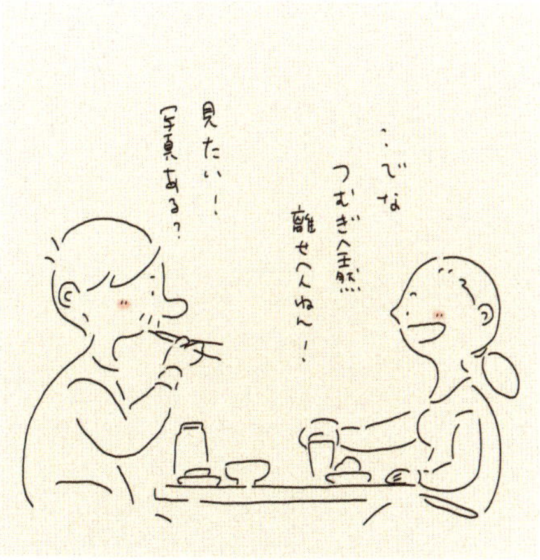
…でな
つむぎ全然
離せへんねん！
見たい！
写真ある？

6

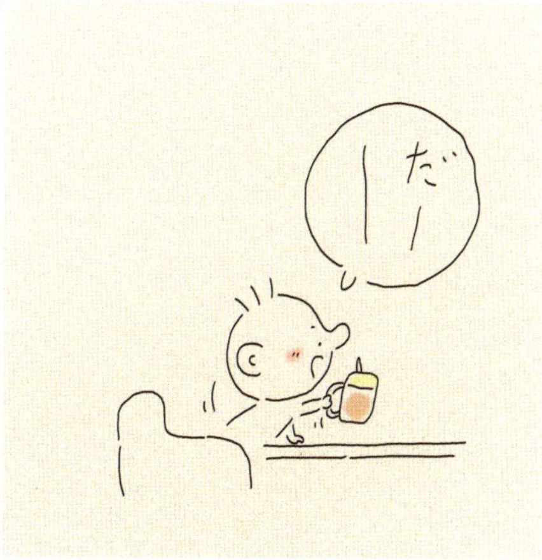
だー

7

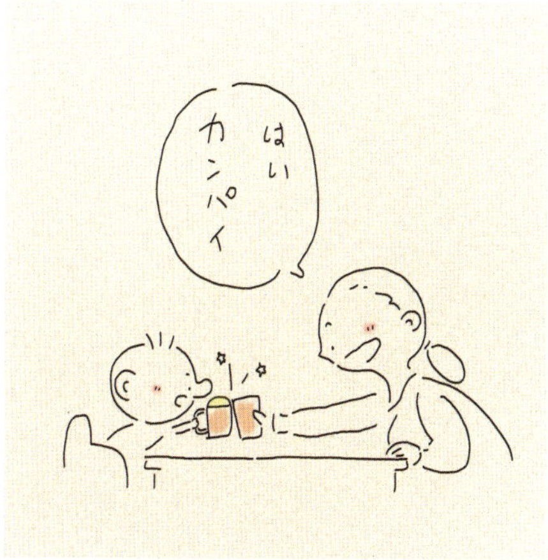
はい
カンパイ

8

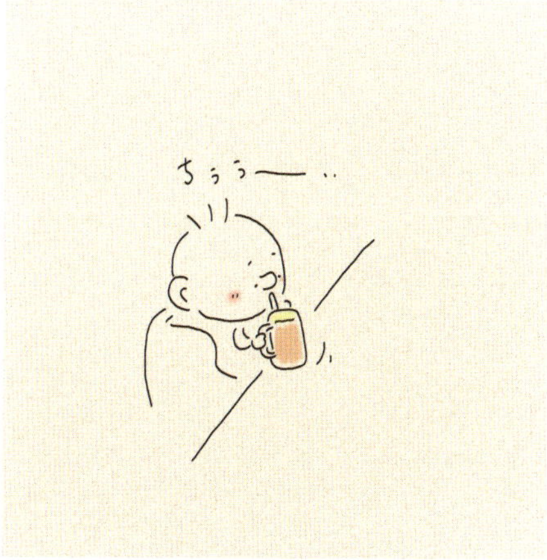
ちぅう——‥

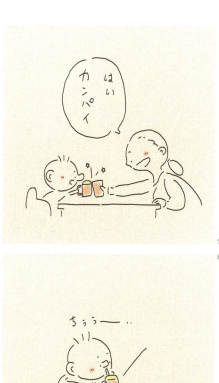

9

いやー おもろかったわー
ねえ 写真ある?

10

エンドレスでカンパイ。
だー

Q.

ママの得意料理は何ですか?

A.

ロールキャベツです。偶然ですが、僕の母親も、ロールキャベツだけは、とても美味しくつくります。味付けの差はありますが、どちらも幸せになる味がします。だから、人生で一度も「美味しいロールキャベツ」に困ったことがありません。

砂場

2018.3.13

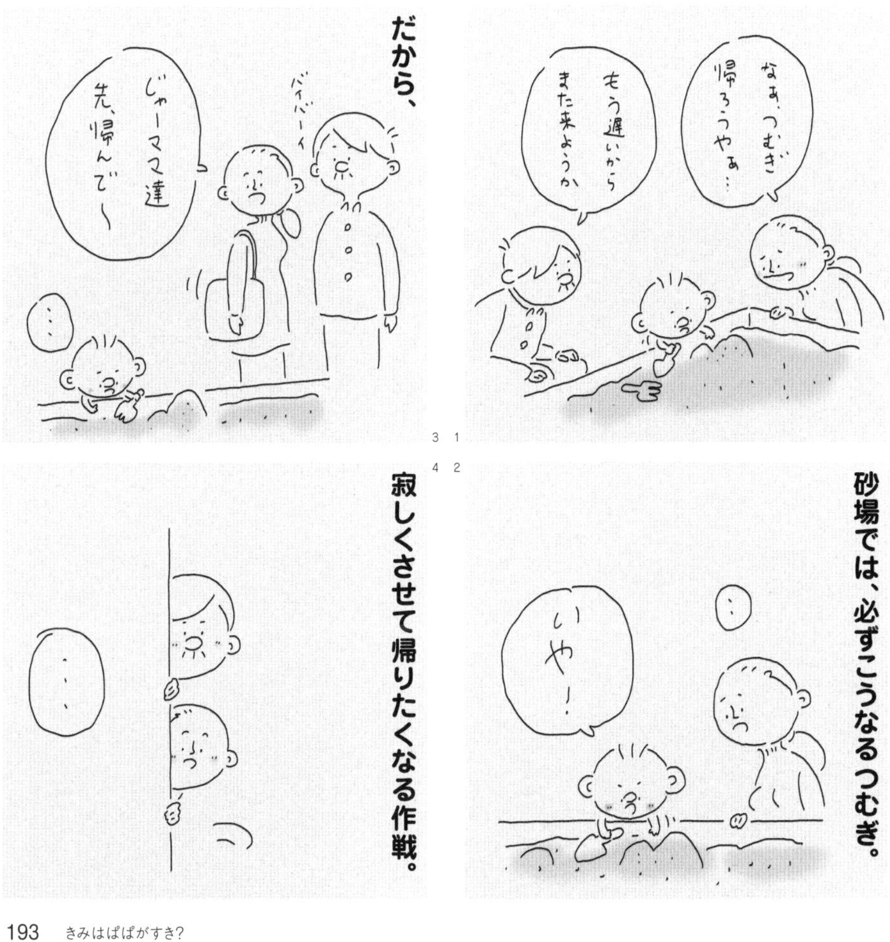

なぁ、つむぎ 帰ろうやぁ…
もう遅いから また来ようか
砂場では、必ずこうなるつむぎ。
いや!
…
だから、
バイバーイ
じゃーママ達 先、帰んで〜
…
寂しくさせて帰りたくなる作戦。
…

5
たーたー
あー
…全く気にせず遊んでるね…
あの子、不安になれへんのかな…
6
しばらくすると、なんと
パパーア!!
パパーァ!!
7
思わぬ展開。
パパーァ!!
あの子、パパ呼んでるわ…
8
初指名をもらったので、迎えにいくと、

Q.

初指名をもらった
パパの心境は？

A.

小学校に野球を始めて、4番打者を任されるんですけど、中学高校と続けていく中で一度挫折を味わい、それでも諦めずに大学でも野球を続け、ギリギリドラフトに引っかかってプロ野球に入団し、なかなか出場の機会に恵まれない中、ある試合の8回裏、突然監督に名前を呼ばれ、打席に立った人みたいな心境です。

パパ来たよ。
さみしかったね。ごめんね… おいで
…

9

10

遊び仲間の募集でした。
え？
ち！(こっち)

マスク

2018.3.17

1
体調を崩していた日のこと
今日は一冊だけね
2
絵本に描かれたリンゴを、
じゃーリンゴはどれ？
これぇ!!
3
おいしそうに食べるつむぎ。
パクッ
4
のんびり眺めていたら
おいしい？

分けてくれたので
ぱぱ どーじょ
いただくと、
ぱくぱく おいしー
ありがとー
…
…
リアリティにこだわってきた。
ありがとー
どーじょ

ステーキプレート

2018.3.19

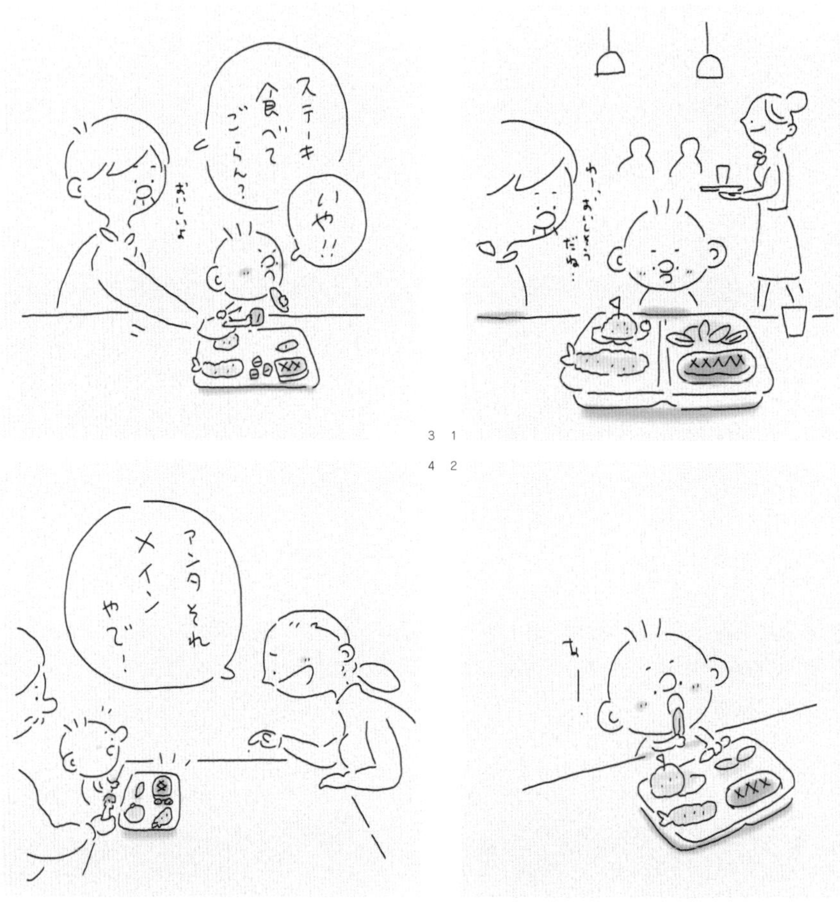
わー、おいしそうだね…
むー.
ステーキ食べてごらん?
おいしいよ
いや!!
アンタそれメインやでー!

初めてのステーキプレート。

でも、ポテトしか食べないつむぎ。

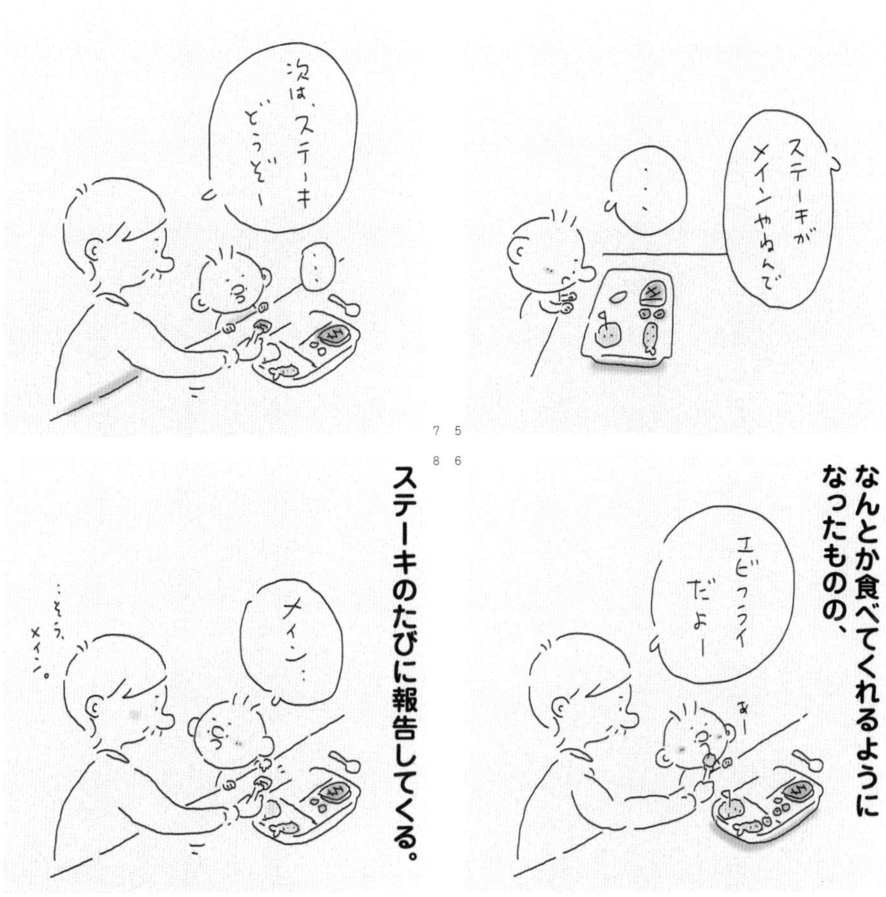
7 5
8 6
ステーキがメインやねんで
・・・
なんとか食べてくれるようになったものの、
エビフライだよー
あー
次は、ステーキどうぞー
・・・
ステーキのたびに報告してくる。
メイン・・・
・・・そう、メイン。

いないいないばあ

2018.3.23

つむぎとの いないいないばぁは
つむぎ見ててね
いないいなーい…
ないなー!!
ばぁ!!
…
ばあ!!
…

5

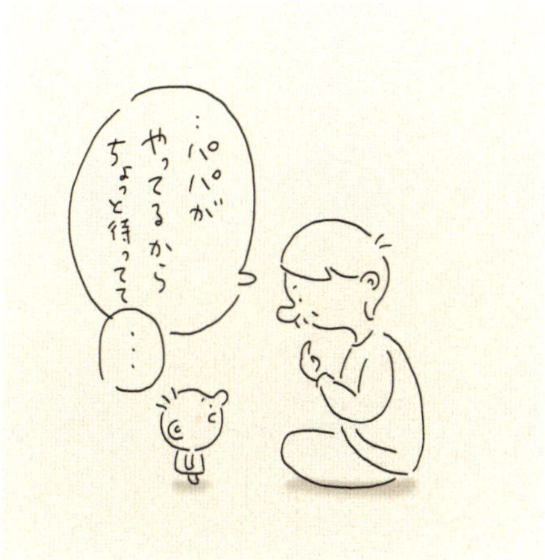
…パパが やってるから ちょっと待ってて
…

6

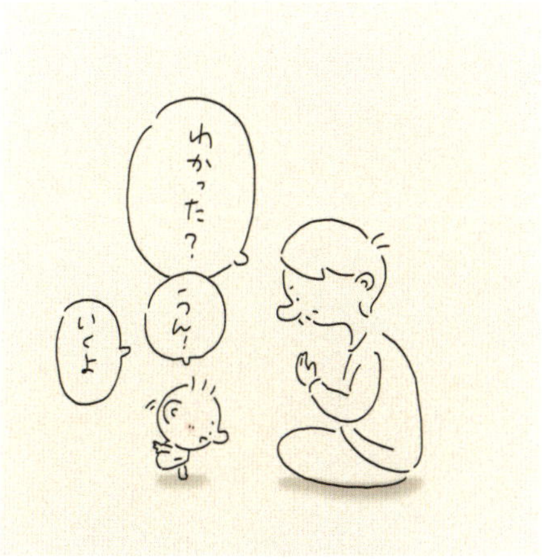
わかった?
うん!
いくよ

7

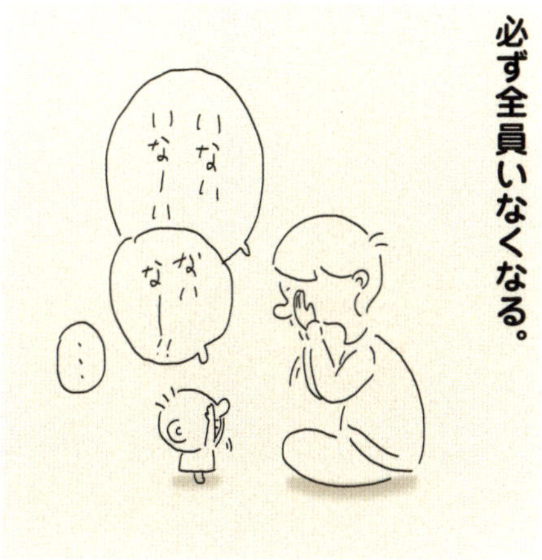
必ず全員いなくなる。
いない いなーい
ない なー!!
…

お着替え

2018.3.26

つむぎ、お着がえするよ
いや！
みんなでお出かけ楽しいよ！
やてー!!
(やめて)
お着替えを逃げつづけるので、
・・・
新しい作戦を決行したら
自分で着がえてごらん
・・・

5
・・・
6
案外すんなり着てくれて
・・・
7
パパぁ!!
ん？
8
ある意味、成功しました。
着せてほしいの？
おいで
パパぁ…

ビデオ通話2

2018.3.29

5
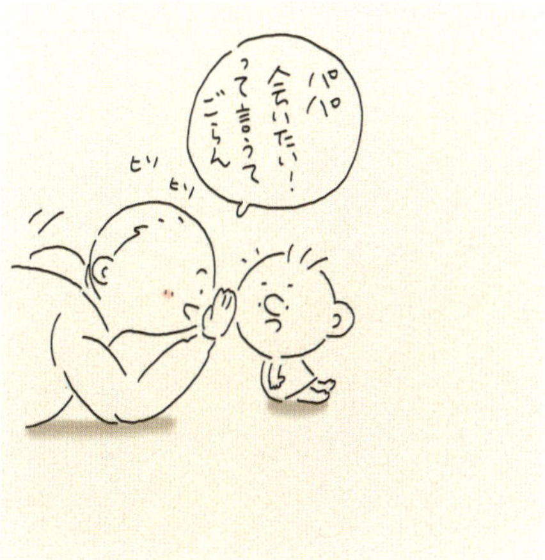
パパ会いたい！って言ってごらん
ヒソ ヒソ

6
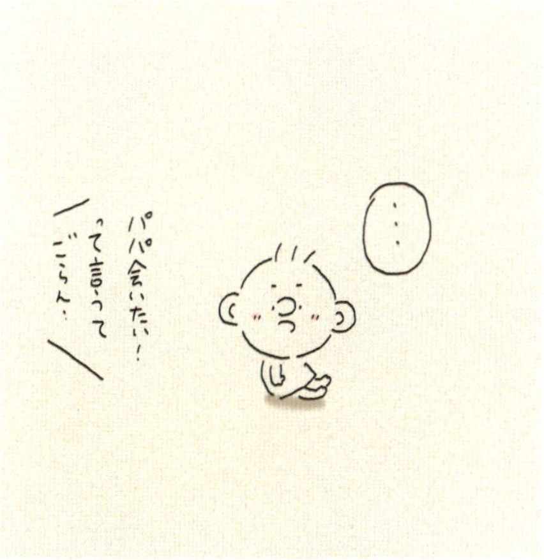
パパ会いたい！って言ってごらん・
・・・

7
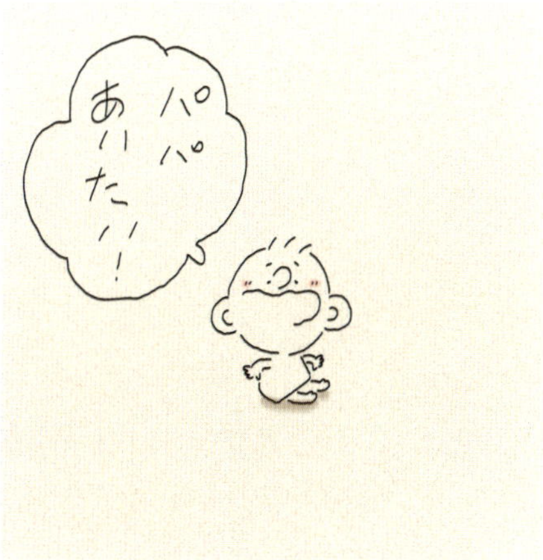
パパあいた！！

8
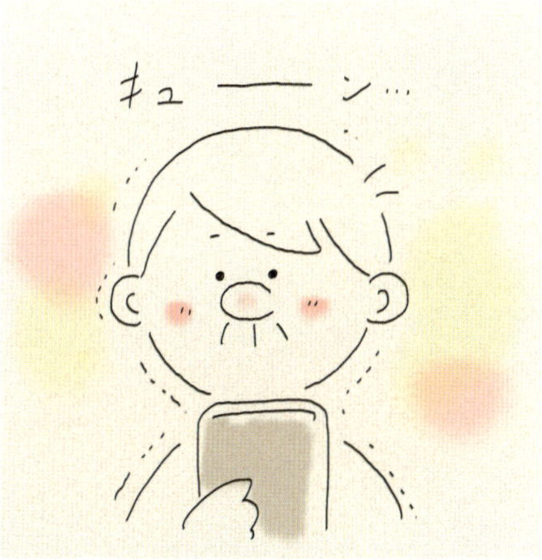
キュ――ン…

ツンとデレがほぼ同時刻にきた。

11 9
12 10
キュ～
え～!! もう一回言って! もう一回!!
つむぎ もう一回言ってごらん? パパ会いたいって
つむぎ?
…
飽きたみたいやわ!
…
じゃー 切るで～ ほなまた!
プッ
…

ハムハム

2018.4.2

7 5
8 6
怒られるのがお気に入りで
もうしない？
キャハハいやぁ～!!
コチョ
コチョ
ヒー‥
ヒー‥
何度もくり返し
あ…
最終的に
ワキャキャキャキャキャキャ
悪い子は、食べちゃいます
キャ
キャ
キャ
ふふ
ふふ…

9

ワキャキャ
やーてー!!
ゲホッ
パクパク…

10

心配になるほど、ものすごいエズく。
ゲホッゲホッ
オエェ、、!!
ヒー…ヒー…
ごめん…
大丈夫…?
もう
やめよっか…

Q.

つむぎちゃんに
本気で怒ったことはありますか?

A.

遊びの延長だと思うんですが、つむぎがママを叩いたことがありました。そのときは、きつく怒りました。今まで見せたことない剣幕だったのか、つむぎは震えて怯えていました。その姿を見て、こっちも心が痛かったです。でも、それも大事な思い出の一枚。

報告

2018.4.3

ある日つむぎが
ん?
教えに来てくれて、
あっ、はじめ
また乗ってる
ね…
乗っちゃ
ダメだよ〜っ
て言って
おいで
ニャー‥
タッ
タッ

5
にゃんにゃん！
6
あたて
たとち
ちゃちゅ!!
7
ハタッ タッ
8
大満足でご帰還。
まだいるよー…
あー…

カラオケ

2018.4.4

3 1
4 2
カラオケのおもちゃが大好きで、
くわえて歌うつむぎ。
お゙お゙お゙ー…
かぷっ
こうやって離して歌うんだよ

5
歌い方のこだわりが強く、
お゙お゙お゙ー
6
どーじょ
7
♪
きーらーきーらー
ひーかーるー
…
8
指導までしてくる。
おー!!
えっ

お歌

2018.4.5

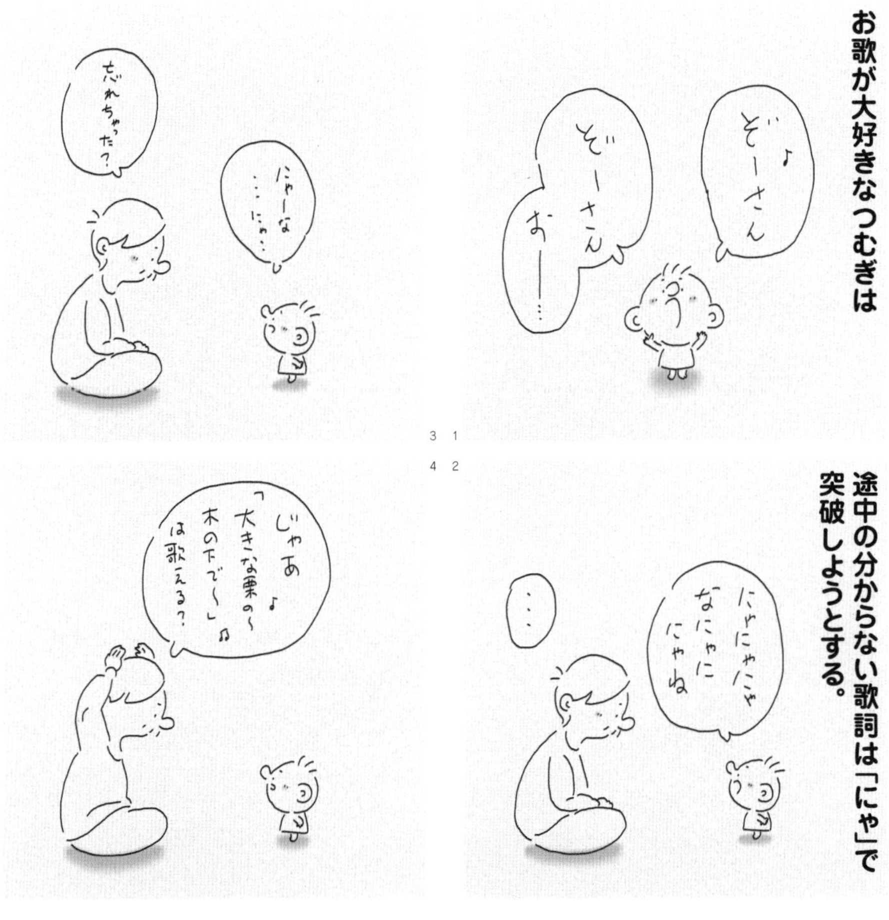
お歌が大好きなつむぎは
ぞーさん♪
ぞーさん
おー……
途中の分からない歌詞は「にゃ」で突破しようとする。
にゃにゃーにゃ
なにゃに
にゃぬ
…
忘れちゃった?
にゃーな……にゃ…
じゃあ♪「大きな栗の〜木の下で〜」♫は歌える?

5

6

7

ガチャガチャ

2018.4.12

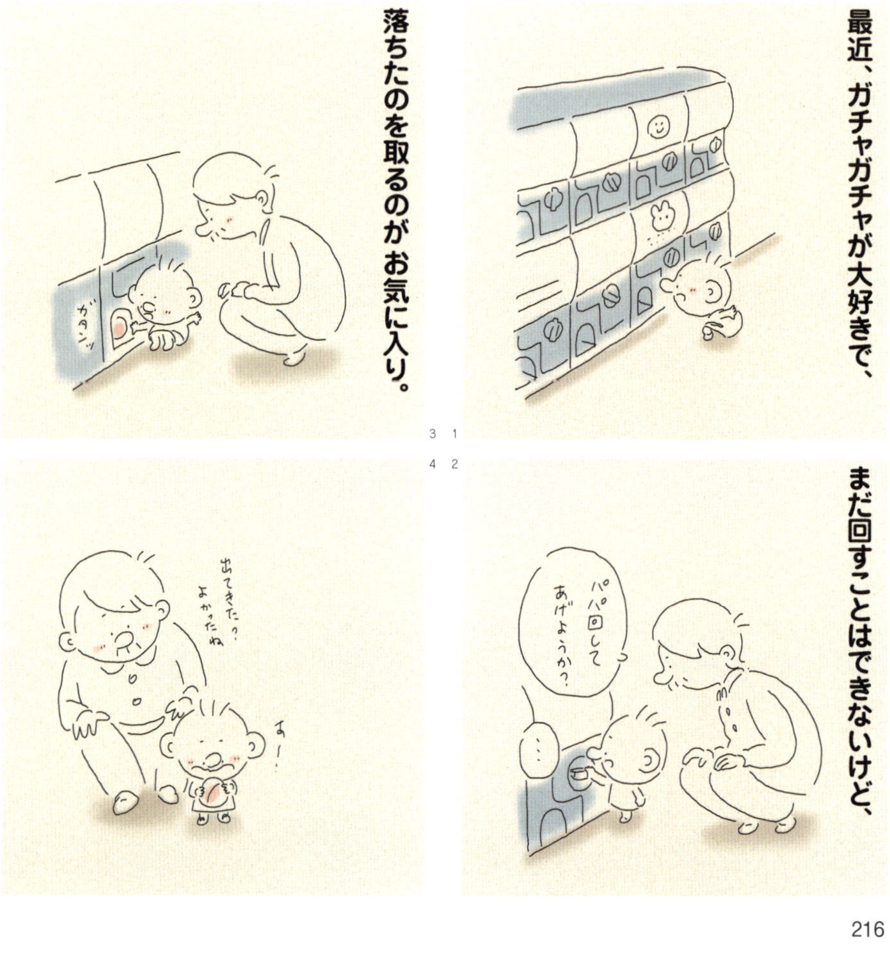

最近、ガチャガチャが大好きで、
まだ回すことはできないけど、
パパ回してあげようか？
落ちたのを取るのがお気に入り。
ガタンッ
出てきたっ？
よかったね
す！

じゃ、帰るよー
PARKING
PARKING
PARKING
たぶん出ないよ〜…
なー
穴はとりあえず確認するようになりました。

プレ幼稚園

2018.4.17

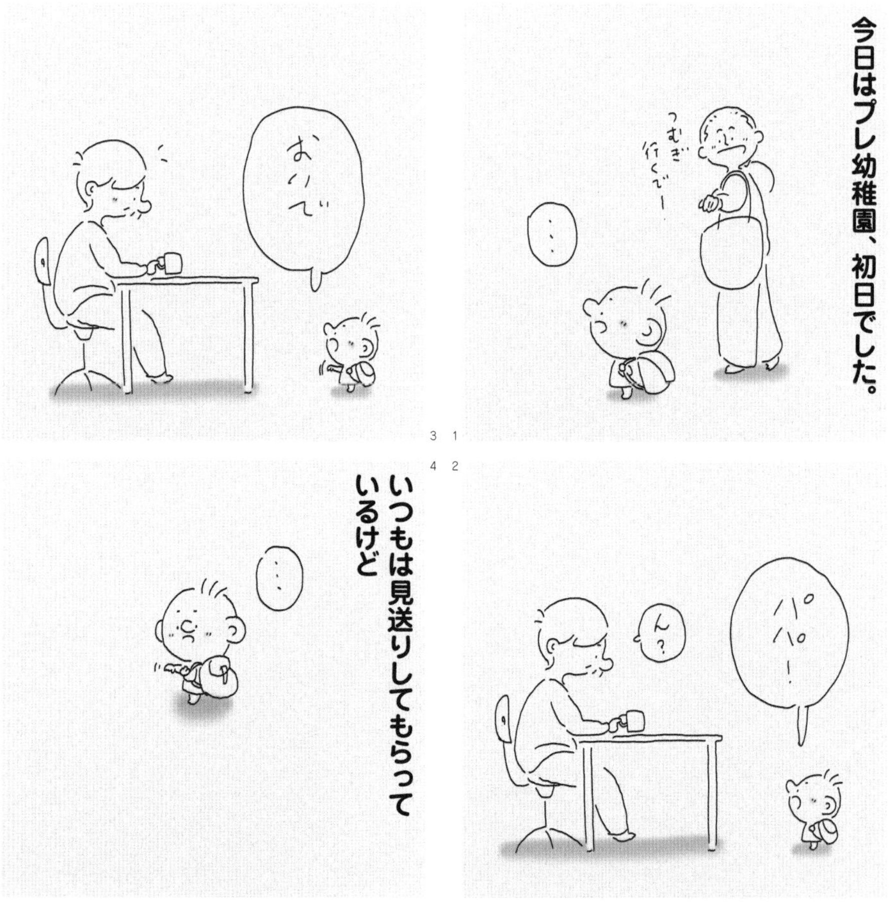
今日はプレ幼稚園、初日でした。
つむぎ行くでー
…
ん？
パパ！
おいで
いつもは見送りしてもらっているけど
…

今日は、してあげる方。
じゃあ 行ってくるわー
初めてお見送りして、
やい やーい
見送る側の 寂しい気持ちを知り、
バイバイ
7 5
8 6

11 9
12 10
気をつけてね～
バタン
パパあ！
パパあ…
さっそく
そっち側を知ってくれていました。

ゾウ

2018.4.24

ゾウのおもちゃで遊んでいるとき、
これは大きいからママかな?
これぇママあ
こっちはちっちゃいからつむぎだね

5
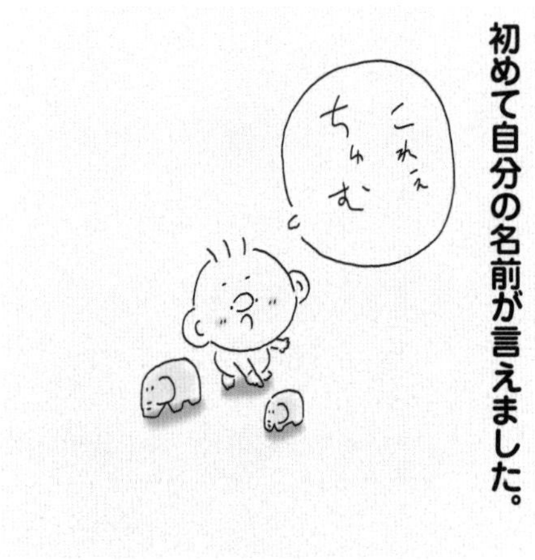
初めて自分の名前が言えました。
これぇ ちゅむ

6
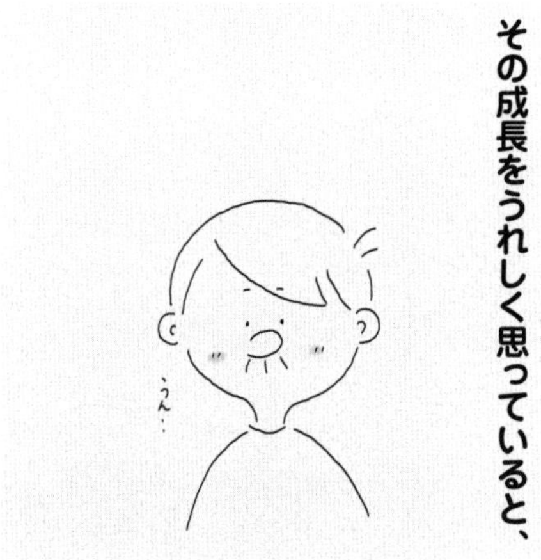
その成長をうれしく思っていると、
うん…

7
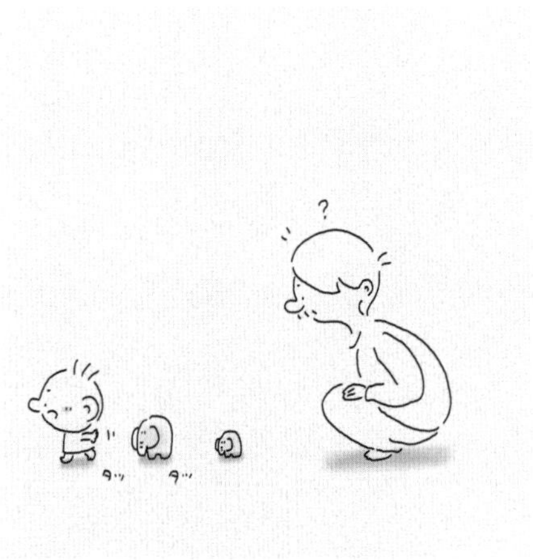
?
タッ
タッ

8
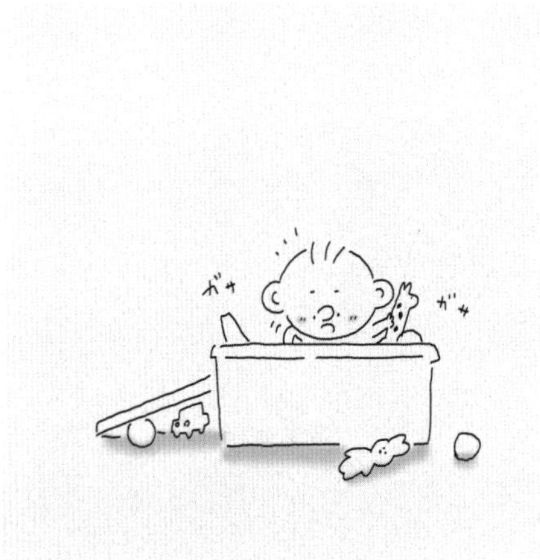
ガサ
ガサ

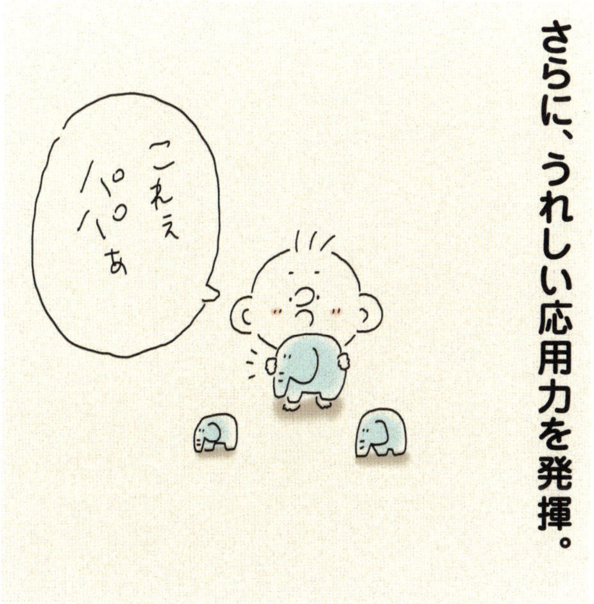
さらに、うれしい応用力を発揮。
これえ
パパあ

9

つむぎ、ありがとう

線 ハッキリ出てるもん
…ほんと?
やったー!!
そっかー…つむぎもーすぐお姉ちゃんになるのか!

飛び上がるほど
うれしいニュースでした。

二人目がはやくほしいね、と
話していたけれど、
なかなかできなくて。
妻は病院に通い、
母乳を止める治療をしてもらったり
ネットで情報を色々調べたり。

どことなく僕たち夫婦に、
どんよりとした大きい雲みたいな
不安が、頭をもたげていた中での
突然の知らせ。

家族に、もうひとつ幸せが
訪れる期待に
胸を躍らせる日々。

つむちゃん 弟か妹やったら どっちがいい?
え、僕にも 聞いて…

はぁ…
しんどそう
だね…
アカン…
めっちゃ
気持ち悪い…
…でもな
赤ちゃんが がんばってる
証拠やから…
うちも
がんばらな…

まだ目には見えないけど
少しずつ、少しずつ。
タッ
タッ
タッ
アカンよ！
ママのお腹にな
赤ちゃん
入ってんねん
やさしく
したってや
わかった
人～??
はぁ～～い!!
おー
えらいやん！
さすがお姉ちゃんやな～!!
パチパチ
お腹の赤ちゃんも、家族の一員になっていき

数週間経った頃、赤ちゃんの心拍が確認できるタイミングになったので、妻は病院にいくことに。
終わったら連絡してね
はーい いってらっしゃい
あるこー♪
あるこー♪
つむぎ終わったら公園行こかー！
はーい

今から
赤ちゃん
見んねんで
次の方どうぞー
よろしく
お願いします
はーい
じゃ
心拍確認
しようか
……
……

ママぁ
すぐ終わるからちょっと待っててや〜！
……
どうですか？
……
…先生？

…この大きさなら
…普通は心拍見えるんだけどねぇ…
……
…ちょっと様子を見るしかないねぇ…

また来週
来て下さい…
あのとき、ベビーカーがあって
ほんまよかったわ。
ちゅむ
あそぶ!!
泣いてる顔、
つむぎに見せたく
なかったから。
こーえん！
いく！
…

帰ろ…
かえる
いや…
おうち
いや!!
ごめん…
ママ 今日な…
元気…
無いねん…
かえる
いや!!
いく!
ちゅむ
いく!!

先生も言いづらそうにしてたからな、
……
…
ごめん……ごめんな…
もう気力も何もかも無くなってしまっててん。

でもな、
……
ぎゅ‥
…ママぁ
つむぎが、
守ってくれてんで。

「ママぁ、ママぁ、だいじょぶ」って
よしよしを
やってくれてんで。
あのとき、ほんまに
辛かったから。
それが伝わったんか、
励まそうとして、
いつもつむぎが泣いてるときに
ウチがやってるやつを、
やってくれてんな。
ちゃんと成長してんねんな。
この子。
ほんま、偉いよな。
ありがとうな、つむぎ。

つむぎへ。

人と人をつむいで、夢をつむいで、
一本一本丁寧に、時間をかけてつむいでいって
できたもので、誰かを幸せにしてほしい。
キミの名前にはそんな想いがこもっています。

キミが生まれていなければ、
パパはインスタグラムもしていないし、もちろん
キミの成長もこれだけ多くの人たちに応援してもらうこともなかった。
そう考えると、さっそく、たくさんの人をつむいでくれています。
キミのマンガを見て、誰かの疲れを癒すことができたり、
誰かの子どもとの思い出のドアを、ノックすることができたり、
誰かががんばっている育児のちょっとした支えになっていることは、
つむぎが、一番最初に成し得た、すばらしいことなんだよ。
キミと過ごすかけがえのない時間を、みんなと共有することで
もちろんパパにとっても、とてもすてきな体験になってる。

寝起きのほっぺたの赤さ、
まだ自分がどこにいるのか気付いていない寝ぼけた表情。
全力で走っているのに、それに追いついていない速度、
公園で拾い集めた、宝物のように抱える枝やどんぐり、
驚きが過ぎ去ったあとに、追いかけるように溢れ出る涙、
意味なんてなく回りつづける姿、レモンを初めて食べた顔。

どうか、もう少しだけ、そういったキミの姿をそばで見させてくださいね。

やがて思春期になって、
今みたいに手をつないでくれなくなって、
話すことも、話しかけられることもイヤになる日が来るまで。
パパもママもそういう時間を経て、大人になったからね。よくわかる。
だからそういうときは、何されても構いません。
でも、これだけは忘れないでね。
辛いことや、悲しいことがあったら、いつでも頼りなさい。
パパは、いつも、キミの味方でいます。どんなことがあろうと。
ぱぱは、きみが、すきだから。

きみはぱぱがすき？

2018年8月30日　初版発行
2021年6月10日　3版発行

著者／つむぱぱ

発行者／青柳 昌行

発行／株式会社KADOKAWA
〒102-8177　東京都千代田区富士見2-13-3
電話 0570-002-301（ナビダイヤル）

印刷所／図書印刷株式会社

ISBN 978-4-04-069950-9 C0095